·历史文化大聚焦丛书·

见证 国家城市 科技发明

徐井才◎主编

北京出版集团公司
北京教育出版社

图书在版编目(CIP)数据

见证国家城市 科技发明/徐井才主编.—北京:北京教育出版社,2012.9
(历史文化大聚焦丛书)
ISBN 978-7-5522-1113-9

Ⅰ.①见… Ⅱ.①徐… Ⅲ.①城市史-世界-青年读物②城市史-世
界-少年读物③科学技术-技术史-世界-青年读物④科学技术-技
术史-世界-少年读物 Ⅳ.①K915-49②N091-49

中国版本图书馆 CIP 数据核字(2012)第 236834 号

见证国家城市 科技发明

徐井才 主编

＊

北京出版集团公司
北京教育出版社 出版
(北京北三环中路 6 号)
邮政编码:100120
网址:www.bph.com.cn
北京出版集团公司总发行
全国各地书店经销
永清县晔盛亚胶印有限公司印刷

＊

710×1000 16 开本 10 印张 90000 字
2012 年 9 月第 1 版 2012 年 9 月第 1 次印刷
ISBN 978-7-5522-1113-9
定价:29.80 元

质量监督电话:(010)51222113 58572750 58572393

目 录

国家城市

世界风情

国际名城

科技发明

现代科技

发现发明

GUOJIA CHENGSHI

国家城市
GUOJIA CHENGSHI

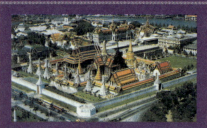

世界风情

"樱花之国"——日本

▲ 富士山

日本是东亚的一个岛国，其领土由北海道、本州、四国、九州四个大岛和一些小岛组成，面积比较狭小，人口很稠密。

日本是亚洲最大的工业国。第二次世界大战后，日本经济高速发展，成为世界上最发达的资本主义国家之一。日本钢的出口量占世界首位。它是世界上最大的汽车生产国和出口国。新兴的电子工业是日本的骨干工业部门，家电产品在国际市场上有很强的竞争力。造船和石油化学工业在世界上也占重要地位。但是，日本的能源和矿产资源十分贫乏，是世界上进口原料、燃料最多的国家。

日本人民不断吸收外来文化，经过消化，使其成为本民族文化的一部分。盛唐时期，日本曾派遣大量使臣来中国学习中国文化。近代以来，欧美文化也影响到日本社会，现在许多日本人已不再穿和服，而换上了西装。日本文化兼容东西方的特点也在其建筑和宗教生活中表现出来。在日本各地既可看到本民族的神社，也可看到东方的佛教寺庙和西方的基督教堂。

▲ 日本小女孩

◀ 濑户大桥

1988年4月，在日本西南部濑户内海上架起了第一座大桥，这就是总长37.3千米，连接本州岛与四国岛的濑户大桥。从本州眺望，大桥如蓝天碧水间的一条卧波长龙，由近及远依次为下津井濑户大桥、柜石岛桥、岩黑岛桥、与岛桥、北备赞濑户大桥和南备赞濑户大桥，可抗八级地震和每秒65米风速的台风。上层是四道公路，下层是四线铁路，从本州到四国只需15分钟。

▶ 日本樱花

属蔷薇科落叶树，花色有雪白、淡红、深红、黄绿等。每当花开季节，漫山遍野，千树万枝樱花怒放，粉一片，白一片，美不胜收，但盛花期只有一周到10天，其特性是先开花，后长叶，开则齐开，落则齐落，非常符合日本民族的审美特点。日本人有观樱花的传统习惯，每年的3月15日至4月15日樱花节期间，人们举家出动，去公园或野外赏樱花，到处可听到"樱花，樱花，暮春三月，开满晴空，一望无际"的歌声。

　　日本人民素来喜爱樱花，每当樱花盛开之际，公园里千万株樱树竞相开放，花团锦簇，交相掩映，人们纷纷涌进公园里，置身于樱花的海洋中。日本真不愧是"樱花之国"。

世界第二人口大国——印度

⬥ 印度孟买的标志性建筑——印度门

⬥ 印度街头的玩蛇艺人

他一吹起"宾"（一种民族乐器），睡在圆形竹笼内的眼镜蛇、蝮蛇、孟加拉蛇顿时昂起头，口吐火焰般舌头，自笼内跃出，随着抑扬顿挫的乐声，有节奏地舞蹈。

从我国的西藏向南，翻过喜马拉雅山，就到了亚洲南部，这里有一个古老的大国——印度。印度人口已达 10 亿多，仅次于中国，是人口大国中的老二，但每年新增加的人口，却是世界上最多的。印度耕地广，在亚洲居第一位，再加上大搞"绿色革命"，所以目前这个人口大国的粮食基本能够自给。

除了种粮食以外，印度还种了许多经济作物，如德干高原上的棉花，恒河入海地区的黄麻，还有种在丘陵上的茶叶等。中国是茶叶的故乡，但印度出口的茶叶却是世界第一。他们还以棉花和黄麻为原料发展纺织工业，在世界上非常有名。说到印度，我们自然会想到宗教，还有和宗教有关的名胜古迹。中国有唐僧西天取经的

⬥ 印度孟买港

故事，这个"西天"，就是指古代的印度。古印度是佛教的发源地。当然，印度目前最主要的宗教是印度教。

印度的工业城市大多数在海边，而且又是港口，如孟买、加尔各答等。但印度的首都却在内地，叫新德里。这个城市的道路像蜘蛛网，中心是个广场。城中有一个古天文台，用以观测太阳、月亮和星星，是由四座形状奇异的建筑组成的。这个古天文台还曾作为第九届亚运会的会标呢。

"城市花园"国家——新加坡

新加坡位于亚洲的马来半岛南端，领土由新加坡岛和附近一些小岛组成，面积仅699平方千米，可称得上是弹丸之地。新加坡现有448万人口，其中75%是华人，大部分来自广东、福建等地。在商店里，人们到处可见用汉字书写的"龙马精神"、"和气生财"的条幅，还有众多的美食街和夜排档，供应各式各样的中国风味小吃。每当夜幕降临，凉风习习，人们三五成群围在桌子旁，

▲ 新加坡狮身鱼尾像

品尝着粤菜、川菜，其乐无穷。1965年新加坡建国后，充分利用位处马六甲海峡东口、沟通太平洋和印度洋的有利地理位置，扬长避短，因地制宜发展经济，目前人均国民收入已名列亚洲前茅。

新加坡的城市整洁、美丽，在那里，没有令人烦恼的噪音和飞扬的尘土，

⬟ 圣淘沙
　新加坡南部的小岛，面积3.47平方千米，是新加坡旅游胜地。

到处花木环抱，绿树成荫，鲜花盛开。根据政府的规定，任何建筑物的实际占地只能占其计划用地的35％，其余部分须留作绿化；马路与建筑物之间要有5米宽的花木带。所以新加坡市成为世界闻名的花园城市，每年吸引着大批观光游客。

以色列国的由来

以色列位于亚洲西部的巴勒斯坦地区，沿海为狭长的平原，东部为山地和高原，约旦河是其境内的主要河流，属地中海气候。以色列人口近699万，其中犹太人占4/5。以色列这个国家就是靠这些犹太人的奋斗才建立

起来的。

　　说起以色列的建国史，就不能不追溯到远古时代。犹太人的远祖是古代闪族的支脉希伯来人，公元前13世纪末开始从埃及迁移到今巴勒斯坦地区。后来，犹太人建立起自己的国家。公元前63年，罗马人大举入侵，消灭了犹太人的国家，犹太人被赶出了巴勒斯坦地区。后来，犹太人以顽强的精神赶走了罗马人，重建了自己的国家。不幸的是，在公元7世纪时，犹太人居住的巴勒斯坦地区又被阿拉伯帝国占领，犹太人被赶出自己的家园，并从此失去自己的国家和领土，成为世界流浪儿。到第二次世界大战以前，全世界大约有1500多万犹太人，他们分居于全世界，但主要集中在欧洲。

　　在第二次世界大战中，约有600多万犹太人被杀害，占世界犹太人总数的1/3。犹太人在经历了一场大劫难之后，终于团结起来，建立起属于犹太民族的国家——以色列。1947年11月，联合国通过决议，决定在巴勒斯坦地区分别建立阿拉伯人的国家和犹太人的国家。1948年5月14日，犹太人的国家以色列终于正式成立了。世界各地的犹太人纷纷向以色列移居，重返祖先生活过的地方。

　　以色列建国后，与阿拉伯国家发生过四次大规模的战争，并占领了原由联合国划归阿拉伯人的约旦河西岸、加沙地带、东耶路撒冷和戈兰高地。1947年联合国划归以色列的领土为1.49万平方千米，但它实际上控制着2.8万平方千米的土地。犹太民族是一个伟大的民族，犹太人聪明、勤劳。马克思、爱因斯坦、弗洛伊德等一大批世界知名的思想家、科学家、政治家、文学家都是犹太人。鉴于历史的教训和现实的环境，以色列非常重视建设国家的经济和国防，拥有非常发达的农业、工业和强大的军队，从而成为一个高度军事化的、发达的工业国家。

以色列国旗

"黄袍佛国" ——泰国

泰国是一个佛教兴盛的国家。佛教传入泰国已有2000多年的历史，至今许多地方仍保存着历代建筑的佛塔和寺庙。在首都曼谷就有一座气势磅礴、金碧辉煌的大佛塔。

泰国90%以上的居民信奉佛教，国家还把佛教定为国教。因此，佛教对泰国人民的生活有着广泛而深刻的影响。许多家庭设有佛像和小祭坛，供每日早晚膜拜。泰国各地随时可以见到身披黄色袈裟的僧人，所以有人将泰国称为"黄袍佛国"。

△ 泰国舞蹈演员

▽ 泰国首都曼谷昭披耶河（湄南河）畔的大王宫

泰国地处热带，降水丰富，土地肥沃，盛产稻米、橡胶、柚木。其中稻米每年都会大量出口，使泰国成为世界最大的稻米出口国。用泰国大米做饭，又软又香，非常可口。

🔸 泰国建筑浮雕

"万塔之国"——缅甸

人们在缅甸旅游观光，首先映入眼帘的，总是那醒目的佛塔。它们或呈雪白的颜色，或闪耀着金彩，耸立在蓝天白云之下。缅甸的佛塔为数甚多，有的地方简直就是宝塔林立，令人叹为观止。有人估计，若把缅甸的佛塔排成纵队，可长达1567千米，所以缅甸又被称为"万塔之国"。

缅甸人民信奉佛教。早在2000多年前，佛教便从邻近的印度传入缅甸。在历代王朝的大力提倡下，崇拜佛教、

🔺 缅甸仰光市北茵雅湖畔圣山上的大金塔夜景

兴建佛寺佛塔之风长盛不衰。佛教在缅甸人民生活中占有重要的地位。有人说："信佛是缅甸人的习惯。"男子从8岁起，一般都要剃光头，披袈裟，入寺庙当一个时期的和尚，学习皈依"佛"、"法"、"僧"三宝，然后还俗为普通人。

缅甸各地普遍设立寺庙、佛塔，在古都曼德勒，有佛塔上千座。文化古城蒲甘，人口不过30000多，佛塔就有5000座之多。据说在蒲甘王朝鼎盛时期，蒲甘城方圆几十里内有佛塔440万多座，号称"400万座宝塔城"，是世界闻名的东方文化宝库之一。

在缅甸所有佛塔中，最能代表缅甸佛教文化和佛塔艺术的，是首都仰光的大金塔。仰光大金塔巍峨壮丽、金碧辉煌，不仅是缅甸人民崇敬的古迹，也是东南亚各国佛教徒朝拜的圣地。

"千岛之国"——印度尼西亚

缅甸曼德勒山东南麓的石经院

在亚洲东南部，赤道的两旁，有许许多多的岛屿，犹如一颗颗翡翠，撒落在万顷碧波上，这就是世界上最大的群岛国家——印度尼西亚，人们习惯上把它称为"千岛之国"。其实何止千岛，仅有人定居的岛屿就有将近1000个，加上其他大大小小的岛屿，共有13000多个。

印度尼西亚是一个美丽、富饶的国家，热带经济作物种类很多，主要有天然橡胶、椰子、油棕、茶叶和咖啡等，产量都居世界前列。胡椒和奎宁（金鸡纳霜）的产量居世界第一。印度尼西亚又是一个多火山、地震的国家。世界著名的喀拉喀托火山就在这里。火山虽然给人类带来灾难，但也赐给人类恩惠。堆积在火山口附近的火山灰，十分肥沃。人们把层层叠叠的梯田一直修到火山顶附近，种植水稻、玉米和热带经济作物，

🔺 印度尼西亚小孩

使这里成为人口集中的农业区。印度尼西亚地跨赤道两侧，终年高温多雨，有人又称这里是"长夏之国"。由于这里几乎每天下午都乌云密布，雷声隆隆，一年之中有300多天打雷，所以印度尼西亚又是世界上打雷最多的地方，首都雅加达有"雷都"之称。

🔺 婆罗浮屠
位于爪哇岛默拉皮火山山麓。建于公元8世纪至9世纪，是世界上最著名的佛塔之一。

"天然橡胶园"——马来西亚

东南亚的马来西亚素有"橡胶王国"的称号，橡胶的年产量很高，在200万吨左右。马来西亚的橡胶园的面积也很大，全国耕地一半以上都种植了橡胶树，世界上种植的橡胶40%在马来西亚。它是世界上最大的天然橡胶生产国和出口国。据说，早在1877年就有人从巴西将橡胶树移植到马来西亚等东南亚国家，进行人工栽培

并获得了成功。东南亚气候条件好，一年四季高温多雨，土层也很深厚，排水良好，非常适合橡胶树的生长。从1913年起东南亚橡胶产量就超过了巴西，特别是近几年来马来西亚的橡胶产量约占世界总产量的1/2。

马来西亚是由马来亚、沙捞越和沙巴三个地区组成的。马来西亚的橡胶主要产在马来西亚地区的西部山坡地带，在排水良好的平原和低矮丘陵地上分布着许多橡胶种植园。登高远眺，一丛丛的橡胶林连成一片林海，煞是好看。近年来，马来西亚不断采取措施提高单位面积产量，新开辟和更新的橡胶园也越来越多。

橡胶树

马来西亚小姑娘

"浪漫之国"——法国

法国是个富于艺术情调的国家。法国人民以爱美闻名于世，他们不但利用美丽的自然环境开辟了许多旅游胜地，而且还形成了他们富有特色的法兰西文化。

法国人的衣着讲究时尚化、多彩化，法国的时装是世界服装新潮流的象征。法国的化妆品品种繁多，在人们心目中也是属于世界第一流的。

在法国，有许多美丽的城市，首屈一指的是巴黎。巴黎在法国北部盆地的中央，清澈的塞纳河穿过市区，1500多年来一直是法国的首都。巴黎有许多世界闻名的历史遗迹和艺术建筑，如高耸的艾菲尔铁塔、迷人的卢浮宫和凡尔赛宫、神秘的巴黎圣母院、雄伟的凯旋门等等。而更令人向往的是巴黎的"街头艺术"，

◭ 巴黎的沙特尔大教堂夜景

包括闻名世界的露天画廊，随时随地可组织起来的街头音乐会，沿街建筑上随处可见的小小纪念碑等。这种街头艺术活动的参与者都是青年学生和平民百姓，乐器、作品都是

◭ 巴黎蓬皮杜国家艺术中心夜景
建于20世纪70年代，坐落于巴黎的博堡地区，它是世界上最著名的高科技建筑之一，外形看起来像一个炼油厂。

▼ 法国农民在收获葡萄

各人自带，只要意气相投就一起"表现"一番。如果说法国是浪漫之国，那么巴黎就是浪漫之都了。除巴黎外，罗讷河畔的里昂、地中海滨的马赛等，都是法国的名城。

面积最大的国家——俄罗斯

俄罗斯是世界上面积最大的国家，它地跨欧、亚两洲，陆地面积为1707.54万平方千米，占前苏联面积的76%。2004年人口为1.44亿。

俄罗斯地处亚欧大陆的北部，北临北冰洋，南与中国、朝鲜、蒙古、哈萨克斯坦及格鲁吉亚、阿塞拜疆接壤，东起白令海峡，西至芬兰、爱沙尼亚、拉脱维亚、白俄罗斯、

克里姆林宫

乌克兰等一线。俄罗斯自西向东可分为几部分，其中以乌拉尔山地为界，以西是属于欧洲的东欧平原（也叫俄罗斯平原），以东是属于亚洲的西西伯利亚平原、中西伯利亚高

🔺 彼得宫

建成于1909年，位于圣彼得堡西29千米的芬兰湾边上。上图是彼得宫外景，远处是芬兰湾。

原和山地、东西伯利亚和远东山地。由于西伯利亚及远东地区气候寒冷，多沼泽，居民很少，经济开发程度远远比不上其欧洲部分。因此，尽管俄罗斯的大部分领土属于亚洲，但它仍被划归为欧洲国家。这一点与同样是横跨欧亚两大洲、国土大部分在亚洲的土耳其不一样，土耳其被划归为亚洲国家。

俄罗斯境内河流众多，有被称为"俄罗斯母亲"的伏尔加河，全长3690千米，是欧洲最长的河流；亚洲部分的勒拿河、叶尼塞河、鄂毕河等三大河流全部流入北冰洋，其长度均在4000千米以上，也都

🔺 彼得堡冬宫

18世纪中叶俄国巴洛克式建筑的杰出典范，长230米、宽140米、高22米的封闭式长方形3层楼房，外观上似乎并不太显眼，但从正中3道拱形铁门步入宫内，却是别有洞天。大小厅室1000多间，回廊甬道转折相通，花园苑囿点缀其间。色彩缤纷，极尽豪奢，一派金碧辉煌的宫殿气质。十月革命后，冬宫被辟为博物馆，其收藏艺术珍品之丰富，使它步入世界最大博物馆之列。

▲ 瓦西里·勃拉仁内大教堂

是世界上著名的河流。俄罗斯的湖泊各具特色，著名的贝加尔湖是世界上最深的湖泊，其面积达到 3 万多平方千米，几乎和中国的台湾岛差不多大。

俄罗斯工业基础雄厚，部门齐全。机械、钢铁、有色冶金、石油、天然气、煤炭、化工等重工业部门以及能源工业占突出地位，纺织和渔业、食品业也很发达。军火工业在经济中也占重要地位。拥有众多的核弹头及先进的战斗机、大型航空母舰，是一个世界军事强国。

俄罗斯农牧业在经济中占一定地位，畜牧业产值高于种植业。主要农作物为麦类、玉米、水稻、豆类、马铃薯、亚麻、向日葵、甜菜等。畜牧为乳肉兼用型，主要饲养牛、猪、羊等。俄罗斯是世界捕鱼量最大的国家之一，远洋渔业发展很快。俄罗斯的航天事业名闻世界。"和平号"轨道站在离地面 400 千米的高空曾运行 15 年。

"日不落帝国"——英国

英国是一个发达的资本主义强国。位于欧洲的西北部，西以辽阔的大西洋与北美洲遥遥相对，东隔北海、多佛尔海峡、英吉利海峡和欧洲大陆相望。面积为 24.4 万平方千米，人口 6020 万。

英国的全称是"大不列颠及北爱尔兰联合王国"，由大不列颠岛全部、爱尔兰岛东北部及其周围 500 多个岛屿组成，包括英格兰、威尔士、苏格兰和北爱尔兰四个部分。其中英格兰面积最大，人口最多，经济最为发达。首都伦敦也在英格兰，所以人们习惯以"英格兰"来代表整个"联合王国"。简称为"英国"。

英国的地形由低山、丘陵和平原组成，在英国的西北部，包括北爱尔兰在内大都是一些海拔 500 米以下的低山和低高原，奔宁山脉是大不列颠岛的中轴脊梁。英国的东南部地形主要是平原。英国是典型的温带海洋性气候区，冬暖夏凉，且雨水多、云量大、多雾、

🔺 著名的伦敦大铁桥

建于1894年，分上下两层，两边塔高42米。当大型船只通过时，下层桥面会自动往两边翘起。

日照少、蒸发弱。

15 世纪中期，英国打了一场历时 30 年的内战，封建制度开始解体，渐渐进入了资本主义的原始积累阶段。当时的英国君主是历史上有名的伊丽莎白女王。在她的领导下，英国确立了海上霸主的地位。到了 17 世纪中叶，英国爆发了资产阶级革命。18 世纪后期，英国又发生了工业革命，从而使英国成为最早的资本主义国家。19 世纪，英国进入"黄金时代"，国家各方面蓬勃发展，成为世界上最先进的工业化国家。工业的发展需要广阔的市场和原料来源，于是，它加紧了向世

🔺 白金汉宫

是白金汉公爵在1703年所建，所以称为白金汉宫。1761年，英王乔治三世买下白金汉宫作为王后住宅，直到1825年才改为王宫。从维多利亚女王登基起，以后历代英王都住在此。白金汉宫里有600多个厅室，西侧为御花园。王宫正门前广场中心有座维多利亚女王纪念碑，碑上有个着着双翼的胜利女神像，雕像的原型就是维多利亚女王。

英国王室卫兵

界各地的侵略，侵占殖民地，大量搜刮别国的财富。其在海外的殖民地遍及欧、亚、美、非、澳，号称"日不落帝国"。到1914年，英国占有的殖民地比其本土大140多倍，是世界上第一大殖民强国。第一次世界大战后，英国开始衰落了。美国作为新兴的资本主义国家开始逐渐取代英国在世界上的地位。在第二次世界大战中，英国的人力物力损失惨重，政治、经济实力大大削弱，国势更加衰落，特别是海外的殖民地纷纷独立，国际地位进一步下降，当年"日不落"的大英帝国已一去不复返了。

英国是靠煤、铁等资源发展起来的"纯工业国"。工业按发展先后可分为新、老部门两大类。老的部门有采煤、钢铁、纺织、造船、机床制造等。新的工业部门是在二次大战以后发展起来的，主要有电气、电子、化学、汽车、航空、机床、炼油和石化。新工业部门以垄断性强、技术先进、企业规模大、专业化强、协作水平高为特点，发展速度较快，在世界处于领先地位，已成为英国工业的主体。英国的农业地位很低，但生产水平很高。全国3/4的土地用于农业，以集约化的养畜业为主要部门，畜产品产值约占农业总产值的70%，主要生产鲜奶、蛋类和肉类。此外，水果、蔬菜等园艺业占农业总产值的10%以上。

英国石柱群

英国虽然国力在世界排名有所下降，但仍居世界前列，它的国民生产总值、工业产值和对外贸易额仅次于美国、日本、德国、法国、意大利，居第六位。在军事上，它的海军是世界上仅次于美国、俄罗斯的第三大舰队。

"童话王国"——丹麦

丹麦位于北海与波罗的海之间，面积43094平方千米（不包括格陵兰岛和法罗群岛），人口545万，由日德兰半岛的大部分及其以东的菲英岛、西兰岛等大大小小480多个岛屿组成。秀丽的景色和古老的建筑，使丹麦整个国家就像是丹麦著名童话作家安徒生笔下的童话世界，美丽而神奇，令人向往。

首都哥本哈根早在公元15世纪时就已经是丹麦王国的首都了，它位于西兰岛的东部，几乎是丹麦国土的最

▲《皇帝的新装》插图

东端，它的东面就是瑞典南端的重要港口城马尔默，中间仅隔着窄窄的厄勒海峡。哥本哈根人口

🔸 哥本哈根
是一座已有800多年历史的古城，它是随着海上贸易的发展而日渐繁盛起来的，现在是丹麦最大的海港、工业和文化中心。市容整洁美观，纵横的水道，众多的桥梁，以及穿插在现代建筑群中的尖顶或圆拱式教堂、宫殿和古堡，构成城市独特的风貌。

▲ 哥本哈根安徒生塑像

135万，是全国最大的城市和著名的古城，同时，它也是丹麦的政治、经济和文化中心。在这里，你将会进入一个"童话王国"。漫步哥本哈根街头，你可以参观许多历史遗迹和形形色色的建筑和雕塑。最能吸引人的是海滨公园中的美人鱼和神牛塑像。"美人鱼"塑像是根据安徒生的童话《海的女儿》塑造的，"神牛"塑像是一组花岗岩雕成的巨大石像群，也是根据丹麦的神话雕刻的。栩栩如生的艺术塑像仿佛使游人置身于梦幻般的神话世界之中。丹麦地势十分低平，骑车旅行是一件十分轻松愉快的事。在丹麦的日德兰半岛上穿行，那古朴的中世纪的街道，美丽多彩的大自然风光，传统和现代完美结合的丹麦民风，将会使你永远难忘这个"童话王国"。

丹麦不仅是个美丽的国度，而且也是个先进发达的现代化国家。由于丹麦的独特地理位置，使它成为北欧各国通往欧洲大陆的"桥梁"。瑞典的铁矿石、挪威的石油及其他物资都要通过这里运往欧洲各国。丹麦的农业主要以畜牧业为主，牛是主要的牲畜，大都养在日德兰半岛上。另外，丹麦还是世界十大渔业国之一，每年捕捞的各种鱼虾多达数百万吨。因此，丹麦有西欧的"食厨"之称。

丹麦正是凭借着其极富特色的农业和工业，才使这个昔日的"童话王国"变成了今日富足、发达的"人间乐园"。

▲ 《卖火柴的小女孩》插图

"风车之国"——荷兰

荷兰王国又名尼德兰王国，位于西欧中部大西洋沿岸。在荷兰旅行，你可以看到两个独特的景物：风车和堤坝。荷兰的风车大的有4层楼高，车叶最长的有40多米。它们在海风吹动下长年不息地转动着，为人们磨粉和排水。风车成了荷兰的标志，荷兰因而被称为"风车之国"。

200多年前，荷兰的风车星罗棋布，共有上万个。随着时代步伐的迈进，现在大部分已被淘汰。今天仅剩下千百个了，而且大多数是作为历史遗迹分布在

▲ 荷兰盛产郁金香

荷兰各地。鹿特丹市附近"童堤镇"的风车，每逢七八月的星期六对外开放，为观众表演，这是荷兰有名的"风车日"。荷兰首都阿姆斯特丹附近有个"风车村"，专供游人参观，所以，每年都吸引着大批外国游客。

荷兰被称为"低地国"，因为它有三分之一的地方海拔不到1米，还有四分之一的土地比海平面还要低。如果不筑堤排水，广大的国土就会被汹涌的波涛吞没。从1927年起，荷兰人花了5年时间，在须洼海的湾口修起

▲ 世界第一大港——荷兰的鹿特丹港口
位于莱茵河与马斯河交汇处，占地100多平方千米，可停靠50万吨级特大油轮，年吞吐量在3亿吨左右。

了一条 30 千米长、90 米宽的拦海大坝。它像利剑一样，切断了须洼海和北海的联系，堤外白浪滔天，堤内碧波荡漾。荷兰西、北部沿海一带的堤坝有 1800 多千米长，比全国海岸线还多出 80%。据说从人造卫星上看地球，所能够看到的人工建筑物，只有我国的万里长城和荷兰的千里堤坝。

🔺 荷兰风车

阿姆斯特丹

是荷兰的法定首都，作为全国最大的城市，工商业发达，也是西欧著名海港。城区大部分低于海平面 1 米～5 米，称得上是一座"水下城市"，全靠坚固的堤坝和抽水机，才使城市免遭海水淹没。过去的建筑物几乎都以木桩打入地下 14 米～16 米的深处，如荷兰王宫就建在 13659 根木桩上。市内上百条大小水道纵横交错，有

🔺 阿姆斯特丹一角

1000 多座桥梁架在河上，多数是人行的石拱桥。在市中心的达姆广场，举行全国性的庆典仪式。广场中央矗立着为纪念两次世界大战中的牺牲者而建的战争纪念碑；对面是富丽的王宫，这里原是市政厅，建于 1648 年至 1662 年。

"旅游之国"——意大利

意大利共和国位于欧洲南部，其大部分国土是伸入地中海的亚平宁半岛，另外还包括地中海中的西西里岛和撒丁岛。国土面积 30.1 万平方千米，人口

近 6000 万。有意思的是意大利国土的形状，长长的亚平宁半岛很像一只穿着靴子的脚，而西西里岛则正如大脚下的一只足球。

△ 意大利古城

意大利是著名古国罗马的发祥地。古代的罗马帝国曾横扫世界，征战四方，其版图囊括了整个地中海地区，罗马城也曾名噪一时。此后，意大利陷入了长期的四分五裂和被异族统治之中。1870 年，意大利实现统一，开始了现代意大利的历史。令意大利人民引以为豪的是，在意大利的土地上孕育并产生了 14 世纪至 15 世纪的伟大的欧洲文艺复兴运动。在这里诞生了诸如但丁、布鲁诺、伽利略、达·芬奇、拉斐尔、米开朗基罗、波提切利、乔尔乔内等一大批著名人物。

◁ 米兰的象征——杜奥莫大教堂

坐落在市中心杜奥莫广场上，是欧洲三大教堂之一。这座始建于 1386 年、前后经历近 6 个世纪才竣工的宏伟建筑，是哥特式建筑的典范。教堂上有 135 座大理石尖塔，每座塔的顶端都有圣者贤人的雕像，远远望去，仿佛是耸入空中的尖塔之林，巍峨瑰丽。主教堂大厅面积 1.17 万平方米，可容纳 3.5 万人。1805 年，拿破仑曾在此举行加冕大典，宣布他兼任意大利国王。

意大利是旅游之国。每年接待的外国游客均在 2000 万人次以上。首都罗马是一座古城，城内斗兽场、罗马水道、万神庙、天使古堡等都是罗马著名古迹。公元 79 年 8 月维苏威火山爆发掩埋的庞培古城，3/5 的地方已被挖掘出来，它保存了罗马帝国时代社会生活

🔺 意大利港口城市

的风貌，成为世界上罕见的天然历史博物馆。"水城"威尼斯、比萨斜塔等也都名扬天下。

美丽的国家——西班牙

欧洲西南部伊比利亚半岛上，有一个美丽的国家——西班牙。其面积为 50 多万平方千米，比法国稍小一点。它东临地中海，西濒大西洋，南隔直布罗陀海峡与北非国家摩洛哥相望，北部以比利牛斯山为界与法国为邻。境内主要是高原，有许多山脉连绵，是欧洲地势最高的国家之一，首都马德里即坐落在丘陵地带上。

西班牙地处温带，受地形影响，南北气候差异很大。北部沿海是

🔻 神圣家族教堂
是西班牙最大的教堂，远看像一座神话中的古堡，既巍峨又神秘。

典型的海洋性气候，雨量丰沛，大片的农田和郁郁葱葱的森林相连。中部高原是干燥的大陆性气候，四季分明。南部和东南部为亚热带地中海气候，这里葡萄遍野、橄榄满山，特别是这里的海岸地带，阳光灿烂，风景如画，是旅游胜地。

西班牙在15世纪至16世纪时，曾在世界上称王称霸。为西班牙女王效劳的探险家哥伦布发现了美洲大陆，从此，西班牙成为一个殖民大国。它的殖民地遍布欧、美、亚、非四大洲，特别是在美洲大陆拥有大片大片的殖民地。16世纪后半期，西班牙的海上强国地位被英国取代，国势遂衰落下来。然而，由于历史的巨大影响，

▲ 西班牙建筑

▲ 西班牙风车

在塞万提斯的《堂吉诃德》中所描写的大风车的地方——卡斯蒂亚·拉曼查地区，至今仍然可见风车林立的景象。

西班牙的文化已传入了许多国家，尤其是在南美洲。

西班牙悠久的历史造就了它独特的文化。其最显著之处就是罗马天主教和阿拉伯文化的糅合，还兼具希腊的特色。西班牙的文化中最著名的要算伟大的作家塞万提斯与其不朽名著《堂吉诃德》、伟大的画家毕加索、现代艺术家达利的油画和热情奔放的弗拉明戈舞。当然，还有闻名世界的斗牛。

"音乐王国"——奥地利

▲ 奥地利一广场

提起位于欧洲中部的奥地利，人们无不满怀敬意地称赞它是一个"音乐王国"。世界著名的音乐大师海顿、莫扎特、贝多芬、舒伯特和施特劳斯等人，都曾在这里生活、创作过，为后世谱写了无数优美动人的乐章。

现在，人们来到奥地利首都维也纳，就会为这里浓厚的音乐气氛所感染。在宽阔整洁的街

▲ 霍夫堡
是哈布斯堡王朝的宫廷。宫门外有欧仁王子骑在马上的纪念碑。

▲ 奥地利维也纳联合国城

道两旁，歌剧院、音乐厅、酒吧鳞次栉比。以音乐家的名字命名的街道、礼堂、会议厅比比皆是。无论在饭馆，还是商店，到处都能听到轻松美妙的乐曲；在公园，在广场，到处都能看到巍然矗立的著名音乐家的塑像。有时，走在行人如梭的人行道上，或者在宁静美丽的街心花园，常会看到一些业余琴手，神情专注地拉着一支支动听的小提琴曲。从酒吧餐厅里传出的奥地利风

🔺 小约翰·施特劳斯青铜雕像位于维也纳市中心城市公园。

土民乐，常会使外来者受到奥地利人豪放开朗性格的感染，情不自禁地加入到他们的歌舞行列中去。

　　作为"世界音乐之都"的维也纳，每年都要举行盛大的国际性音乐节，世界各地成千上万的音乐爱好者，纷纷来到这里，欣赏世界一流的歌剧和音乐会的演出，瞻仰伟大音乐家的故居，拜谒他们的墓地。

⌛ "钟表王国"——瑞士

　　从意大利西北部出发翻过阿尔卑斯山，便到了著名的山地内陆国家瑞士。瑞士的地形由山地和高原组成，面积仅4万多平方千米。

　　由于资源贫乏，瑞士特别重视生产用料少、价值大、精密度高、又容易出口的工业产品，如精密机械、钟表等。尤其是钟表，所用原料很少，但价格很高，历来被瑞士人看做是生财之道。在瑞士，钟表厂几乎遍布全国，首都伯尔尼和主

🔺 卡珀尔布吕克桥
位于瑞士中部的卢塞恩，建于1333年，是欧洲最古老的木桥，全长198米，斜穿罗伊斯河。

要城市苏黎世、日内瓦、巴塞尔都有发达的钟表业，几乎每个家庭都与钟表有关。世界名牌表大部分出自瑞士，国家钟表出口量素来居世界第一位，瑞士的确无愧于"钟表王国"的称号。另外，瑞士的银行也举世闻名。每年，世界各国在瑞士银行中进进出出的钱多不胜数，政府又以大量的钱在国外投资，由此带来的收入十分可观。瑞士的人均收入常名列世界前茅。

瑞士也是个美丽的旅游国家，国际名城日内瓦更是旅游胜地。日内瓦南倚欧洲最高峰——勃朗峰，西北濒临著名的日内瓦湖。勃朗峰终年冰雪覆盖，晶莹如玉；日内瓦湖形如一弯新月，湖中立有一座高达140米的人工喷泉，银色水柱在阳光照耀下五彩缤纷。湖畔种满花草，城中到处是富有特色的古老建筑，真是满城锦绣，灿烂迷人。

🔺 瑞士田园风光

🔺 瑞士日内瓦联合国大楼

"尼罗河的赠礼"——埃及

埃及位于非洲北部,是世界文明古国之一,有6000多年的悠久历史。古埃及的兴衰同尼罗河有着密切的关系,埃及人民把尼罗河称为"埃及的母亲"。尼罗河全长6600多千米,是世界第一长河。几千年来,尼罗

🔺 阿斯旺水坝

是非洲最大的水利工程,建成于1971年。高111米,长3830米,宽40米,集防洪、灌溉、发电、航运于一体,是世界成就最高的水利工程之一。

🔺 埃及尼罗河三角洲

河定期泛滥,带来了肥沃的淤泥,使尼罗河谷地和尼罗河三角洲变成了沙漠中一条生机勃勃

的"绿色走廊",孕育出灿烂的古埃及文明。正像古希腊历史学家希罗多德所说的:"埃及是尼罗河的赠礼。"早在公元前4000年,古埃及人就开始有了象形文字,并用芦草做成纸

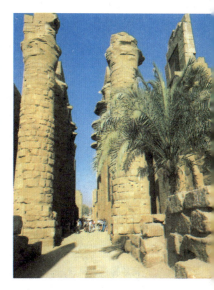

▶ 凯尔奈克神庙的石柱

神庙建于公元前16世纪,里面供奉着底比斯的守护神——阿蒙·拉。位于埃及北部的卢克索,距开罗644千米,是古埃及最大的庙宇建筑群。

书写。他们发现尼罗河两次泛滥间隔时间约为365天，就把一年定为365天，以此制订了世界最早的"太阳历法"。他们还在尼罗河畔丈量土地中，发展了几何学。闻名于世的金字塔和狮身人面像更是古埃及文明的象征。

尼罗河流域如今也是现代埃及最重要的经济活动地区。尤其是尼罗河三角洲，虽然它只有埃及国土的4％，但却集中了全国耕地面积的2/3和人口总数的99％。在那里，棉花、水稻、玉米和小麦生机勃勃，其中长绒棉的产量和出口量均占世界首位。

"黄金之乡" ——南非

从欧洲航行到亚洲的轮船，若不经过苏伊士运河，就得绕过著名的好望角。好望角就在南非。南非是黑人的家园，现在南非人中70％多还是黑人。三四百年前，来自欧洲的荷兰和英国的殖民主义者先后侵入了南非，夺走了黑人的土地，建立起南非白人的政

🔺 南非的祖鲁人

🔺 南非盛产金刚石

权。长期以来，广大黑人不屈不挠地坚持英勇斗争，终于迫使南非政府废除了种族隔离政策。

南非的自然资源十分丰富，尤其拥有各种矿产资源，已开采的就有50多种，其中最著名的是黄金，

产量占世界第一位，所以南非被称为"黄金之乡"。在南非首都比勒陀利亚南面，有一个地方叫约翰内斯堡，是全世界最大的黄金产地。除了黄金，南非的金刚石、锰、铬和煤等产量也很大。现在，南非的工业发展很快。由于自然条件好，农业和畜牧业也很发达，玉米、蔗糖、羊毛都有出口，所以，南非已成为非洲经济最发达

🔵 金伯利矿井

此处是世界最大的钻石矿穴，方圆1600米，深400多米，曾连续开采50多年，采集钻石1450万克拉。1915年矿源枯竭后，被辟为金伯利钻石博物馆的一部分。

的国家。

在好望角东北面，有一个著名的港口，叫开普敦，通过好望角航线的巨轮往往要在这里稍作停顿。好望角航线是世界上繁忙的航线之一，我国的大轮船远航时也常经过那里。

🔵 连接太平洋和大西洋的好望角

南非西南部开普半岛的顶端，伸出一条长约4.8千米的石质岬角，这就是著名的好望角。1488年，迪亚士率船队沿非洲西海岸向南航行，驶至岬角附近海域时，狂风大作，汹涌的巨浪把船队推到岬角上，才免遭灭顶之灾，迪亚士遂将岬角命名为"风暴角"。1497年，达·伽马率船队成功地绕过此角驶入印度洋，到达印度西南岸，然后满载黄金、丝绸回到葡萄牙。国王约翰二世大喜，乃将"风暴角"改名为"好望角"。好望角扼大西洋与印度洋汇合处的交通要冲，具有重要的战略地位。迄今为止，它仍然是世界上最繁忙的海上航道之一，每年有4万多艘船只从这里通过，因而有"世界通道"之称。

"骑在羊背上的国家"——澳大利亚

△ 澳大利亚国旗

翻开世界地图，在南太平洋中，有一个孤立的大陆国家，那就是澳大利亚，人们称它为"骑在羊背上的国家"。在18世纪后期，欧洲移民第一次将29只美利奴羊带往澳大利亚。由于那里草原广阔，气候干燥，适于绵羊的繁殖生长，因此，这种家畜便迅速繁殖起来。目前，澳大利亚的羊毛产量占世界羊毛产量的1/4，羊毛出口量占世界羊毛出口量的1/2以上，均居世界首位，而且剪羊毛的机械化程度很高，最近还试用机器人剪羊毛，并计划应用最新的遗传工程技术，培育会自动脱毛的大绵羊，到那时，长大了的绵羊便会自动把毛脱下，再不用人工剪了。

△ 澳大利亚袋鼠

澳大利亚所特有的动物也是闻名于世。"世界跳远冠军"——袋鼠的后肢非常发达，一跃就是六米。母袋鼠前面有一个育儿袋，幼袋鼠出生后就在母体的袋中发育长大。大袋鼠生活在草原上，到处可见。除了袋鼠外，还有嘴扁平似

△ 悉尼歌剧院

鸭、像鸟类般产卵、但却属于哺乳类的鸭嘴兽，还有尾羽似竖琴状的琴鸟，有高大却不会飞翔的鸟——鸸鹋。更为奇妙的是澳大利亚的苍蝇，它不带病菌，不会传染疾病，这称得上是世界一绝！

超级大国——美国

美国的全称是美利坚合众国。位于北美洲中部，北靠加拿大，南接墨西哥，东临大西洋，西濒太平洋。美国除本土外，还有两块地方：一是位于北美洲西北部的阿拉斯加；二是位于太平洋中的

⚫ 美国肯尼迪航天中心

位于美国佛罗里达半岛东海岸中部的卡纳维拉尔角，美国的航天器均从这里发射升空，上图是航天中心正在"休息"的火箭。

⚫ 金门大桥

号称世界第二长悬索桥的金门大桥是旧金山市的标志。它横跨圣佛朗西斯科湾的通海峡口金门海峡，一端为旧金山，另一端为加利福尼亚州马林郡。大桥全长2737米，两端各有一座高大的钢制桥塔，塔高227米，桥塔之间的跨径长达1280米，可谓空前绝后。整座桥体的重量由桥塔以及连接它们的粗大吊缆支撑。桥身距海面67米，任何海轮都能自由通过。27.4米宽的桥面，有6条车道和2条宽敞的人行道。

夏威夷群岛。美国是世界第四大国，陆地面积仅次于俄罗斯、加拿大和中国，为937万多平方千米。人口3.06亿，仅次于中国、印度，居世界第三位。

美国不但拥有辽阔的国土、众多的人口，而且经济也高度发达，国力强盛。在苏联于1991年解体后，

◆ 芝加哥

位于美国中部伊利诺伊州密歇根湖西南岸。现在是美国第三大城、内地最重要的工业基地、全国最大的铁路枢纽和航空港。上图为全市最繁华的卢普区，几十层至上百层的摩天大楼高低相间，矗立在密歇根湖畔。当今世界6座最高的摩天大楼有3座耸立在这里，它们是西尔斯大厦、标准石油公司大厦和约翰·汉考克中心大厦。远处架有两根巨型天线的高楼便是西尔斯大厦。大厦地下3层，地上110层，高442.48米，是目前世界第三高楼。

美国即成为当今世界唯一的超级大国。美国之所以成为超级大国是有多方面因素的，但首先是它拥有优越的自然条件。从国土上来讲，俄罗斯、加拿大、中国三国虽面积比它大，但多是寒冷地区或多山、沙漠地区，土地无法利用；而美国多平原，少山地，且地处中纬度地带，气候温和湿润，境内可利用的

土地面积实际上要多于三大国。而且，美国的资源也是极其丰富的。

美国还是一个年轻的移民国家，它从1776年建国至今，才不过200余年。美国现有的人口中，几乎世界上所有的主要民族都有。在美国，真正的美洲土著印第安人是极少的，他们大都被当初的白种移民屠杀了。如今的美国，80%以上的居民是欧洲移民及其后代，黑人也有不少，其余则主要是墨西哥人、南美洲人、亚洲人。由于美国是一个完全由移民组成的国家，所以它没有

什么历史的沉重感，也很少有传统的东西来阻碍它的发展。美国人由此而大多性情外向、乐观、喜爱创新，不拘泥于旧的一切。而这种性格在一定程度上是美国经济发展的动力。美国在 20 世纪之前，在西方各国家中还未"显山露水"。但在进入 20 世纪后，美国的经济迅速发展，逐渐赶上并超过了英国及其他资本主义国家。特别是两次世界大战都没有殃及美国的本土，所以，美国不但没遭到战争的破坏，反而靠战争大发横财。其经济发展使它很快成为世界上最强大的国家，从而为其成为第二次世界大战结束后的世界超级大国打下了雄厚的物质基础。

🔺 夏威夷瓦胡岛波利尼西亚文化中心

在令人神往的旅游胜地，头戴花冠、颈挂花链、身穿草裙的夏威夷女郎，伴随吉他的优美旋律，跳起草裙舞，欢迎来自远方的游客。

长期以来，其国民生产总值居世界第一。无论是工业、农业，还是金融业等，都在世界上占据重要的地位。以农业为例，全国只有不到 2% 的人从事农业生产，却可以生产出供全国 3 亿多人消费的粮食及其他农产品，而且大量外销大豆、小麦、谷物、棉花等。

美国是联合国的重要成员国，也是安理会的五个常任理事国之一。美国在其经济实力和先进的科学技术的支持下，拥有世界上最先进、最强大的军事机器。它倚仗着庞大的军事力量和发达的经济，在国际事务中，经常以调解人或仲裁人的身份处理国际纠纷。可以说，在当今世界上，美国的影响无处不在。

"枫叶之邦"——加拿大

加拿大山林风光

加拿大位于北美洲的北部，在陆地面积上是世界第二大国，但人口只有3200多万，是个地广人稀的国家，也是一个年轻的经济发达国家。

加拿大人喜爱枫树，他们不仅把枫叶的图案缀上了国旗，而且在书刊、用具以及商品上也常有枫叶的标志。枫叶已成为加

拿大的象征，因而人们称加拿大为"枫叶之邦"。在加拿大的东南部，漫山遍野都生长着枫树。金秋时节，映入人们眼帘的是无边无际红彤彤的枫林。远远望去，一片火红，像红宝石，像红云，像红毯。金色的阳光从枫叶的缝隙间泻下，构成一幅幅绚丽多彩的图画。加拿大的枫树主要是糖枫，枫叶汁

加拿大城市夜景

含糖量较高，可以制糖，是孩子们喜爱的食品。在一些农场里，人们至今仍保留着古老的取汁制糖的工具。每年三四月间，是收获枫叶汁的季节，人们举行盛大的聚会来庆祝"枫树节"，并为游客表演古老的制糖方法。

加拿大拥有极为丰富的森林资源。全国约有一半以上土地覆盖着森林。利用这些丰富的森林资源，加拿大发展起大规模的纸浆和造纸工业，纸浆与新闻纸的出口量居世界首位。

◀ 加拿大多伦多电视塔
是世界上最高的建筑物，高553.3米。

"足球王国"——巴西

巴西是南美洲最大的国家；在这块辽阔的土地上，奔腾着一条著名的大河——亚马孙河。在亚马孙河流过的地方，有世界上最大的平原，平原上热带原始森林十分茂密，林中鸟兽成群，还有可以开出硕大花朵的植物，吸引着众多探险家。

巴西是世界人种的"大熔炉"，有白人、黑人，还有印第安人，更有这些人种之间的混血人种。不管是何人种，巴西人都有一个共同的体育爱好，那就是踢足球。从屋边小道到大体育场，都可以看到人们在玩足球或赛足球；在学校的体育课中，足球似乎是最重要的课程。

⬆ 伊泰普水电站
世界上最大的水电站之一。位于巴拉那河流经巴西与巴拉圭两国边境的河段。由两国政府共同投资开发，历时16年，耗资170多亿美元，于1991年5月建成。大坝全长7744米，高196米，拦腰截断巴拉那河，形成了面积1350平方千米、库容290亿立方米的人工湖。电站安装了18台发电机组，总装机容量1260万千瓦，年发电量可达750亿千瓦时。

每当有足球比赛，球场上、电视机前人头济济，人们如痴如醉。球王贝利就是在这种环境中成长起来的。巴西被称为"足球王国"真是名副其实。

在以前很长的一段时期里，巴西只出口咖啡，是有名的"咖啡王国"。近二三十年来，巴西经济发展很快，汽车、轮船及制造业已很发达。巴西还与巴拉圭合建了世界上著名的伊泰普水电站。

巴西的圣保罗是南半球最大的城市，工业非常发达。巴西最大的港口叫里约热内卢，每年一度的狂欢节吸引着大批国外游客前来观光。首都巴西利亚，是一座环境优美、布局有致的现代化城市，是世界上新建城市中的佼佼者。

🔺 巴西里约热内卢的万人足球场
是世界上最大的足球场，可容纳观众20万人。

◀ 三权广场
即议会、法院和总统府的所在地，议会大厦由两座并肩而立的28层大楼组成。两楼间有一过道相连，呈"H"形，这是葡萄牙文"人"的第一个字母，寓意"一切为了人"的立法宗旨。大楼两侧的平台上有两只巨大碗形的奇特建筑，右边众议院大楼侧是个仰天的"大碗"，象征"广纳民意"；左边参议院大楼侧是个倒扣的"大碗"，象征"集中民意"。"碗"下则是两院会议大厅，以及餐厅、商店、车库等附属建筑。

国际名城

"东方之珠" ——香港

我国香港是亚太地区旅游业最兴旺发达的地区，也是世界著名的旅游城市，被誉为"东方之珠"。我国香港这块弹丸之地，与附近的日本、泰国相比，没有丰富的富有东方色彩的历史文物，也没有闻名世界的自然胜景，但却比它们更能吸引消费水平较高的美国、加拿大、西欧以及澳门、新加坡的旅客，这主要因为香港具有特殊而优

▲ 香港夜景

越的自然地理条件、自由贸易政策和处于我国大陆的门户的地理位置。

香港位于珠江口东侧，深圳特区的南面，背靠大陆面向海洋。它包括香港岛、九龙半岛、新界及其附近地区的岛屿，面积1098平方千米，人口有680多万。香港地处华南丘陵地带，山地、丘陵占了境内的大部分面积，只在新界北面有连片的平原。香港的矿藏也很贫乏。然而，香港有曲折的海岸线和举世闻名的优良港口，这一点为香港的繁荣奠定了坚实的基础。香港是世界著名的自由贸易港，并成为世界交通、贸易和金融中心。香港城内，世界各地的商品应有尽有，琳琅满目，而且

▲ 海洋公园

1971年1月正式开馆，园内有亚洲最大的海洋水族馆，有全长842米、时速可达77千米的过山车，有引人入胜的海涛馆、蝴蝶馆、百鸟居等。上图为海洋剧场，精彩的海豚表演是这里每天必有的节目。

价格便宜，被誉为"购物者的天堂"。这成为香港最吸引游客的一个方面，也构成香港不同于其他旅游胜地的特色。现在旅游业已成为香港重要的经济支柱，而旅游业收入的一半以上是旅客在香港购物花费的。

香港近年来工业发展异常迅速，主要是出口加工工业，并且工业总产值的90%用作出口。主要工业部门有成衣、电子、塑胶、纺织、钟表五大类。工业的发展使香港的经济实力大为增强，并成为与韩国、中国台湾、新加坡并列的亚洲四小龙之一。香港经济的发展，祖国内地是坚强的后盾。香港需要的食品、蔬菜以及淡水都主要靠祖国内地供应；祖国内地许多商品经香港销往世界各地；祖国内地也是香港商品的主要市场之一。

香港大佛
位于大屿山正对面的木鱼峰顶，佛高23米（如包括莲花和基座则共34米），重量为250吨，由202块青铜焊接而成。

香港是亚洲地区的主要城市，市区主要围绕维多利亚港两岸建立，人口集中，高楼大厦林立，市区道路呈多层次立体交叉，其繁华程度在世界上都是著名的。现在由于市区太过拥挤，在旧市区之外，建设了多个新型市镇，以分散旧市区的人口和工业。

香港是中国的神圣领土，因历史上的原因，被英国侵占长达150多年。根据1984年中英政府的联合声明，中国政府已于1997年7月1日对香港恢复行使主权，并设立了香港特别行政区，其享有高度自治权，现行社会、经济制度50年不变。

"东欧大都会"——莫斯科

莫斯科是俄罗斯联邦共和国的首都、国内第一大城市，也是东欧的大都会。它位于东欧平原中部，跨莫斯科河及其支流亚乌扎河两岸。莫斯科建城已有800多年的历史了。初建时是一座木头构筑的小城，"莫斯科"原来的意思是"石匠

的城寨"。13世纪成为莫斯科公国的首都。从15世纪下半叶，成为统一的俄国的首都。1713年，沙皇彼得一世将首都迁到圣彼得堡，莫斯科成为"陪都"。1812年拿破仑率军攻占了莫斯科，并放火烧毁了这座大城市，但后来很快又重新建设起来。从1918年3月开始，莫斯科成为苏联的首都。1991年底苏联解体，成为俄罗斯首都。

🔺 莫斯科市容

　　莫斯科市区布局严谨，以克里姆林宫和红场为中心，一环套一环地向四周辐射伸展。全市可分出功能明显的八个区。它是俄罗斯最大的文化科技中心，

🔺 莫斯科红场

有莫斯科大学等近百所高等院校和包括科学院、农业科学院、教育科学院、医学科学院的许多科研机构。国立图书馆和国立特烈季亚科夫绘画陈列馆都闻名于世。市内还有80多座博物馆和30多座剧院。市内有完整的绿化系统，绿化面积占全市面积的40%，人均绿地面积20多平方米。市区共有11个自

然森林区、近百座公园、800多个街心公园，大环行路以外的防护林带有7200多公顷。因此，莫斯科被称为"绿色的首都"。

莫斯科是俄罗斯最大的交通枢纽。有11条电气化铁路和多条公路通向全国各地。市内共有9个客运火车站，全市共有4个机场，是重要的国际航空港。通过开凿运河，把莫斯科河、伏尔加河、顿河等内河联系起来，水路交通发达，成为沟通波罗的海、白海、黑海、亚速海及里海的"五海之港"。市区的地铁不仅成了重要的交通系统，也是市区的一大景观。

莫斯科是一座历史文化名城，保留着许多名胜古迹。最著名的要算克里姆林宫和红场了。克里姆林宫是莫斯科的心脏，主要部分建于14世纪至17世纪。沙皇俄国时是沙皇的宫殿，苏联时期是党政中央机关所在地。红场是莫斯科的中央广场，全长700米，宽130米，总面积9万平方米。因历史上莫斯科遭大火灾，空旷的废墟成了广场，17世纪中叶才开始称"红场"。

世界著名古都——伦敦

在英格兰东南部的平原上，泰晤士河由西向东流入北海，英国首都伦敦就位于河口不远处。英国人常说：没有泰晤士河，就没有伦敦。约在2000年前，罗马人漂洋过海，经泰晤士河入侵英格兰内地。他们在此处建兵站，并在泰晤士河上架了一座木桥，从而开始了伦敦的历史。不过，那时罗马人称它是"伦甸涅（niè）姆"，后来才逐渐演化，叫做伦敦。18世纪和19世纪，英国成了世界上头号殖民帝国，伦敦也就成为世界上最大的金融和贸易中心了。

现在的伦敦市是围绕着伦敦城逐步发展而形

⬤ 伦敦建筑

成的。伦敦城只是市中心面积仅 1.6 平方千米的区域，伦敦城外有 12 个市区，称为内伦敦，内伦敦再向外，又有 20 个市区，称外伦敦。伦敦城加上内、外伦敦，合称大伦敦市。大伦敦的总面积有 1580 平方千米。伦敦是英国的政治、经济、文化、交通中心，最大海港和主要工业城市，也是世界上重要的金融和贸易中心之一。西区是全市最繁忙的商业中心，其中最著名的是牛津街。伦敦的博物馆之多是世界其他城市少有的，其中最著名的是大英博物馆。它位于市中心闹市区，是一座气魄雄伟的古罗马式建筑，始建于 1753 年，6 年后建成开放，至今仍然是世界上最大的博物馆。馆内珍藏着埃及、西亚、东亚等世界许多地方数

△ 伦敦摩天轮

千年来的稀世珍宝，其中有中国历代艺术珍品 2 万多件。馆内不仅文物丰富，藏书也是世界上其他的博物馆或图书馆所不能相比的。除大英博物馆外，市内的科学博物馆、国家画廊、蜡像馆等都很著名。

伦敦的名胜古迹数不胜数。横跨泰晤士河的伦敦塔桥，建于 1894 年，不仅气势磅礴、巍峨壮观，

△ 圣保罗大教堂

伦敦著名标志建筑之一。位于泰晤士河北岸，总高度111.5米，自公元604年以来一直是伦敦主教堂所在地，以伦敦保护神圣保罗命名。

而且当大型海轮通过时，桥面可以吊起。距塔桥不远的伦敦桥，是泰晤士河上17座桥中历史最悠久的，它的前身就是约2000年前罗马军队在此建的木桥。泰晤士河畔有一座肃穆的哥特式建筑——威斯敏斯特宫，一般称为英国议会大厦。议会大厦的北面，耸立着高高的钟楼，里面有制于1859年、被看做是伦敦象征的"大本钟"。

⚠️ 大英博物馆

位于伦敦，1753年创立，1759年正式对外开放，里面收藏有众多的珍贵文物。

每隔一小时，它根据格林尼治时间发出沉重而铿锵的响声，数英里之外都能听到。英王的王宫——白金汉宫是伦敦最吸引游人的建筑之一。它始建于1703年，是一座规模宏伟的三层长方形建筑群，周围环绕着圣·詹姆斯公园、格林公园和海德公园，环境优雅，景色如画。此外，伦敦著名的名胜古迹还有唐宁街10号的首相府、1622年英王詹姆士一世建筑的王宫——白厅、1840年为纪念海军将领纳尔逊而建的特拉法尔加广场及纳尔逊纪念碑、建于11世纪的威斯敏斯特教堂、被英国人看做是精神支柱的圣保罗教堂，以及马克思墓、格林尼治天文台等。

"世界花都"——巴黎

巴黎位于法国北部的巴黎盆地的中央，横跨塞纳河两岸。这里夏无酷暑，冬无严寒，四季花开，所以素有"世界花都"之称。巴黎还是全国的经济中心。它是全国最大的工商业城市，工业生产总值约占全国的25%，此外，巴黎传统的服装、化妆品、装饰品和时髦家具等产品，都享有世界声誉。誉满全球的巴

🔺 巴黎德方斯大门
位于巴黎市轴线的尽端，是一座长、宽、高各为105米的巨型方框，体现了当今的最新技术成就。

黎香水，人称"梦幻工业"，法国人将其视为国宝。巴黎是世界上最繁华的都市之一，各式各样的服务机构遍布全城。它拥有欧洲最大的商场——四季商场。巴黎国际博览会是世界著名的博览会之一，创立于1904年。

巴黎是法国的交通枢纽，有7个火车站，5个飞机场，一条横贯东西的高速地铁线，公路成放射状向全国各地伸展。每天客流量大约1300万人次。

此外，巴黎还是欧洲最大的内河港。各种交通方式相互衔接，构成一个完整的交通体系。巴黎也是法国的文化、教育中心。它有法兰西学士院和其他四大科学院，还有许多学术机构、博物馆、图书馆等，集中了全国43%的技术人员和60%～70%的研究人员，左右着全国各地文化的发展。塞纳河左岸的拉丁区是巴黎著名的文化区，世界闻名的巴黎大学就在这里。

巴黎的名胜古迹让人目不暇接，它既有许多闻名世界的历史遗迹，又有许多宏伟瑰丽的现代化建筑，古今文化相互交融，别具一格。

高高耸立在市中心塞纳河畔的艾菲尔铁塔，就像是守护巴黎的钢铁巨人，成为巴黎的标志。铁塔在1889年5月建成，直至1931年美国纽约的帝国大厦建成之前，一直被公认为世界上最高的建筑物。

🔺 圣心教堂
建成于1919年，位于巴黎克里西大街以北，具有拜占庭建筑风格。是巴黎著名的教堂之一。

游人可以通过塔内的环形阶梯，登上塔顶，俯瞰巴黎全城。塞纳河右岸上，有世界著名的卢浮宫，它是文艺复兴时期法国最珍贵的建筑物之一，收藏着丰富的古典绘画和雕刻。塞纳河中的岛上，有巴黎最古老、最大和建筑史上最出色的天主教堂——圣母院，读过《巴黎圣母院》小说或看过同名电影的人们，都早已对它有所了解了。当年拿破仑为炫耀自己的战功而兴建的凯旋门，就位于戴高乐将军广场上，它是世界上最大的凯旋门。凡尔赛宫位于巴黎西南部的凡尔赛镇，第一次世界大战结束后，《凡尔赛和约》就是在这里签订的。

▲ 艾菲尔铁塔

"欧洲的首都"——布鲁塞尔

有千年历史的布鲁塞尔，是比利时王国的首都，坐落在塞纳河畔，距巴黎、阿姆斯特丹、波恩和伦敦都在二三百千米左右，历史上曾是拉丁文化和日耳曼文化的一个"十字路口"。由于它的美丽和繁华而有"小巴黎"之称。

布鲁塞尔是世界闻名的国际活动中心，有100多个外交使团和大大小小700多个国际组织的总部或办事处。由于北大西洋公约组织总部、欧洲联

▲ 比利时建筑

⬤ 原子塔

于1958年为布鲁塞尔万国博览会所建，高102米，由9个直径18米的铝合金圆球组成。位于布鲁塞尔西北易明多市公园。设计者别具匠心，以巨大建筑表达微小原子概念，并显示人类和平利用原子能的前景。

盟、欧洲煤钢业共同体、比荷卢经济联盟以及欧洲原子能共同体等都设在这里，因此素有"欧洲的首都"的美誉。这里经常召开各种各样的国际会议，仅每年定期或不定期举行的各种国际博览会就有约30个，其中的尤里卡世界发明博览会就是最受世人青睐的博览会之一。同时，许多外国商人也来这里建立起名目繁多的服务行业和娱乐场所。在布鲁塞尔，具有80多种国籍的外国人占了总人口的1/4左右。

布鲁塞尔市区分为上城和下城两部分：下城建在塞纳河河谷，是当年布鲁塞尔初建的地方，现在是车水马龙的商业区；上城建在塞纳河右岸的高坡上，是王宫、议会、政府机关所在地。布鲁塞尔市中心是著名的大广场。这个大广场占地3000平方米～4000平方米，初建于12世纪，四周环立的建筑物多是中世纪时所建。宏伟壮观的市政厅就矗立在大广场周围。这座建筑物建于15世纪，前后用了近80年。市政厅的厅塔有90米高，真可谓高耸云霄。市政厅旁有一家天鹅餐厅，是马克思和恩格斯共同起草《共产党宣言》的地方。法国作家维克多·雨果的旧居就在天鹅餐厅的左侧。大广场周围还有古行会大楼旧址、

⬤ 比利时建筑

路易十四行宫等素负盛名的建筑物。从大广场往北穿过一段小街，就会见到那尊闻名世界的、人称"布鲁塞尔第一公民"的撒尿小孩铜像。布鲁塞尔往南约十余千米，有一片丘陵起伏的开阔地带，这就是滑铁卢古战场，现在是一座高约50米，方圆300米左右的人造土岗。岗顶屹立着一头铁铸雄狮，岗下是滑铁卢战役全景展览厅。土岗周围可以看到当年为法国、英国、普鲁士将士们树立的各式纪念碑，还有当年拿破仑的司令部以及他使用过的物件。

"水城" 威尼斯

数遍全世界大大小小、各式各样的城市，没有汽车的只有一座，那就是中世纪著名的旅行家马可·波罗的故乡、闻名世界的水上城市、意大利威内托大区的首府——威尼斯。拿破仑称赞它是"举世罕见的奇城"。

威尼斯位于意大利的东北部，是亚得里亚海西北岸的重要港口。城区建在离大陆4千米的海边浅水滩上，由188个小岛组成，177条长短宽窄各异的水道构成城市的大街小巷，最宽阔的"大街"是一条约60米宽的大运河。开门见水，出门乘船，是威尼斯有别于其他城市的特色。全市共有轮船、汽艇5000多艘。与一般城市相比，这儿的轮船相当于公共汽车，汽艇相当于小汽车。还有一种黑色平底、首尾尖翘、单桨狭长、当地叫"贡多拉"的小船，可以串街走巷，相当于自行车。历史上最盛时，"贡多拉"多达1万多艘，现在仍然保留了许多供游人乘坐游览。坐在"贡多拉"上，在一片波

▲ 威尼斯"贡多拉"小船

威尼斯建筑

光粼粼之中，听着船夫悠扬动听的歌声，看着仿佛是浮在水面上的美丽的建筑物，真是充满了诗情画意；若是在夜晚，那些透着或明或暗的灯光的建筑物，倒映在河水里，就显得格外绚丽多姿了。下了船，市内的大部分地方仍是步行者的乐园。此城虽然是百岛之城，但是市区面积只有5.9平方千米，且各岛之间都有彼此连接的桥梁。全市共有401座桥梁，当你走到河边时，随处可以找到小桥过河。尽管游人似潮如涌，这儿却没有其他城市车水马龙的喧闹，总是那么宁静，只是偶尔有汽艇驶过，发出划破水面的哗哗之声。

威尼斯有着众多的名胜古迹。在里阿托岛中心，就是世界著名的圣马可广场，广场上成群的鸽子安然地飞来飞去，有时竟悠然地落在游人的肩上乞食。广场的入口处，有两根高大的圆柱，东侧的一根上挺立着一只展翅欲飞的青铜狮，它就是威尼斯的城徽。广场四周环绕着宏伟壮丽的宫殿建筑，最著名的就是古罗马建筑中的杰作——圣马可教堂，它融东西方建筑艺术为一体，被世人誉为"世

威尼斯著名的叹息桥

水巷上这座小天桥，连接着都卡雷宫和旧监狱，称为叹息桥。据说过去死囚都经过这里走向刑场，他们从桥侧镂空小窗看到尘世美景，无不喟然长叹，桥因此得名。

界上最美的教堂"。此外，威尼斯还有许多富丽堂皇的教堂和大厦，收藏着丰富的珍贵艺术品。与这些建筑物相媲美的是千姿百态的桥。著名的桥有自由桥、里阿托桥、叹息桥等。世界闻名的大旅行家马可·波罗的故居，就在独具一格的里阿托桥附近。

威尼斯以它独特的水城风光和精湛的文化艺术，成为世界著名的旅游胜地。

🔺 威尼斯水巷

世界文化名城——柏林

柏林是德国的首都和最大的城市，也是世界上著名的大都市之一。它位于德国东北部的平原上，正处在施普雷河注入哈弗尔河的河口处。

柏林有着悠久的历史。早在 13 世纪时，这里有两个村镇，分别叫柏林和科恩。1307 年两村镇合并，称为柏林。据说，"柏林"的意思是"小狗熊"，所以现在柏林的城徽仍有黑熊的图案。1415 年柏林成为勃兰登堡侯国的首府，1701 年成为普鲁士王国首都，1871 年成为德意志帝国首都。到 20 世纪 20 年代，柏林成为世界第三大城市。第二次世界大战前，柏林是世界上屈指可数的工业、商业、金融中心。第二次世界大战中，柏林 1/3 地区毁于炮火，部分地区几乎全部被毁。

▲ 柏林勃兰登堡门

　　建于1788年至1791年，建筑材料为花岗岩，宽60多米，高11米。门楼顶上为胜利女神像，她头戴花冠，赶着一辆两轮四马战车前进。

洪堡大学等多所高等院校及科学研究机构，还有闻名世界的博物馆、图书馆、歌剧院等。柏林有享有世界声誉的柏林爱乐交响乐团，以及柏林歌剧院、国家歌剧院、森林舞台和露天剧场。人们可以在这里欣赏到一流的歌剧和交响乐，以及著名指挥家指挥的演奏会、古典戏剧和滑稽剧等。柏林是欧洲的重要交通枢纽和河港，交通十分便利。它与世界各国和国内各大城市有班机往返，有多条铁路线和水路航运通向全国各地。市内交通除公共电汽车外，还有地铁和专门的游览车。

　　柏林市内有着众多的名胜古迹。柏林的代表性建筑是位于原柏林两区分界处的勃兰登堡门，建成于1791年，1945年毁于二战炮火，1958年重新修复。它是仿照雅典城门

二战后，德国被分成民主德国和联邦德国两个国家，柏林也被人为地分成东、西两部分，东柏林成为民主德国的首都，西柏林则是联邦德国享有州一级特权的大城市。1990年10月3日，民主德国和联邦德国走向统一，柏林也结束了长达40多年的分裂局面，重新成为德国的首都。

　　柏林是座文化名城。市内有

▲ 柏林胜利女神像

建造的,门顶雕有 4 匹飞跃的骏马拉着两轮战车,车上站着胜利女神,女神右手高举的铁十字架上站着一只展翅的鹰,象征着普鲁士王国统一德意志战争的胜利。门左侧是原第三帝国的国会大厦,现辟为柏林德国历史展览馆。沿着菩提树大街这条欧洲著名的林荫大道往东,有一座引人注目的"水晶宫"——共和国宫,外表全部用巨型褐色玻璃镶嵌而成。离共和国宫不远,就是著名的亚历山大广场,它是柏林的市中心,广场花木葱茏的草坪上,有精心设计的梯田式喷水波和千姿百态的雕塑像。

位于闹市区的德皇威廉纪念教堂,曾是西柏林的象征。它是一座新罗马式建筑,建成于1895 年。第二次世界大战的炮火削去了教堂塔楼的顶层,至今仍保持着原样而未加修复。1959 年至 1961 年,在它的旁边又新建了一座现代化教堂。市内其他的名胜古迹还有威廉

▲ 德皇威廉纪念教堂

大帝广场、夏洛滕堡宫、圣母教堂,以及贝莱菲公园、蒂尔加登公园、柏林电视塔(比艾菲尔铁塔还高 45 米)等。

美国最大的城市——纽约

纽约位于美国工业最发达的东北区的大西洋岸,正好处在哈得孙——摩霍克走廊的南端。哈得孙河及其支流把纽约市分割得支离破碎。现在,全市有 60 多座桥梁和 4 条河底直通隧道,以及一条铁路隧道,把市区各部分有机地联系起来。

纽约是美国最大的工商业、对外贸易、金融中心，也是重要的交通枢纽。纽约港具有深、宽、隐蔽、潮差小、冬季不冻的优点，是世界著名的港口。纽约有三个现代化机场，其中的肯尼迪机场是世界上设备最先进、客流量最大的现代航空港之一。

纽约市区面积差不多有五六个上海市区的面积大，市区又分为5个相对独立、享有一定自治权的区，即曼哈顿、布朗克西、布鲁克林、昆斯和斯塔腾岛。曼哈顿岛是纽约最热闹的市区。金融中心集中在华尔街，这里有许多豪华的大商场、大饭店和游乐场所，以及证券交易所、银行和房地产公司。著名的帝国大厦位于曼哈顿区东端的第五街和第三十街之间，建成于1931年，共用钢材6万吨，砖1000万块。钢材全部从匹兹堡运来，底层走廊使用的大理石，则是从欧洲各

⬟ 帝国大厦

国运来的。

曼哈顿岛上还有洛克菲勒中心、时代广场、林肯艺术中心、大都会博物馆、中国城、中央公园、百老汇、日本公园和哥伦比亚大学等著名的建筑和场所。这个弹丸小岛，位于哈得孙河和东河之间，四周由20多座桥梁与市区的其他部分相连。它不仅是纽约，也是整个美国的经济、贸易和金融中枢。每年来这里访问、办事、观光的人们超过1700万，共在这里花费达10.8亿美元之巨。

🔻 纽约双子塔

科技发明

KEJI FAMING

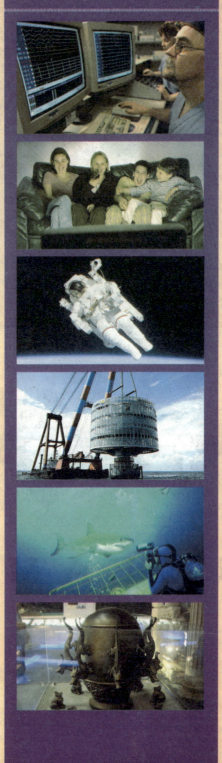

现代科技

改变人类生活的多媒体技术

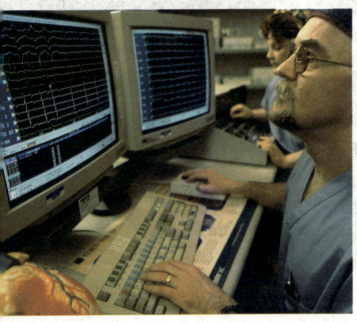

△ 医疗人员利用多媒体电脑统计数据。

近十几年，随着计算机技术的飞速发展，出现了多媒体计算机。从此，它开始变得声像并茂、丰富多彩。

一般的计算机只能处理数字、文字和简单的图形信息，无法处理声音和复杂的图像信息。这是因为计算机处理的信息都必须先进行数字化，而声音和图像数字化后，所占的空间就会十分庞大，使得计算机中的硬件支撑不了。

多媒体技术采用把声像信息进行压缩、还原的手段，使有一定硬件水平的计算机能成功地同时处理文字、声音和图像。

一般一个多媒体系统应该具有处理声音和图像信号的能力、高品质的图像显示能力、声音和图像信号的输入输出能力，以及采用高级交互式操作方式。因此，多媒体计算机除具有一般计算机的功能外，还能播放光盘电影、当高级音响、作图像传真机、玩电子游戏、创作图画、虚拟现实世界来学习驾驶等等，多媒体计算机将会成为家庭的信息和娱乐中心。

多媒体计算机与现代网络通信技术相结合，将会出现可视电话、电视学校、

△ 多媒体电脑

电视医疗和电视会议等新的电信服务形式。它如果与数据库、图书馆联网，你就可以轻而易举地把它们都"搬回家"。多媒体技术的出现是计算机领域的一场划时代的革命，它的应用前景将覆盖人类活动的所有领域，对人类社会生活的影响也将十分深远、巨大。

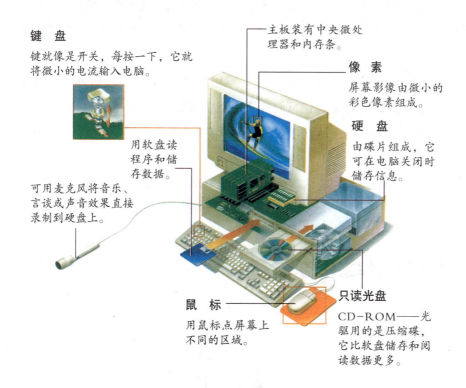

键盘
键就像是开关，每按一下，它就将微小的电流输入电脑。

主板装有中央微处理器和内存条。

像素
屏幕影像由微小的彩色像素组成。

用软盘读程序和储存数据。

硬盘
由碟片组成，它可在电脑关闭时储存信息。

可用麦克风将音乐、言谈或声音效果直接录制到硬盘上。

鼠标
用鼠标点屏幕上不同的区域。

只读光盘
CD-ROM——光驱用的是压缩碟，它比软盘储存和阅读数据更多。

Internet 能做什么

　　1995 年 4 月，我国北京大学的两名学生为挽救病危的同学，通过 Internet 向世界发出了求援的信息。这一信息迅速传到与 Internet 联网的无数台计算机上，并立即有许多关于诊断和治疗病情的电子邮件反馈回来。参照其中的建议，医生们迅速确诊了病因，采取相应措施挽救了这位年轻大学生的生命。Internet 一般意译为"互联网"，但越来越多的人直接叫它 Internet。

20世纪70年代末个人电脑开始普及以来，应用计算机写作、处理数据资料、玩电子游戏等都已为人们所熟悉。但这些应用只开发了计算机的一些简单功能，若用现代通信技术把单个计算机联成网络，协同工作，它们的功能将会有很大的提高。Internet就是诞生于美国、如今已遍布世界大部分地区的一个计算机网络。它的发展极为迅速，目前全球已有无数个系统，无数台计算机联到了这个网上。人们普遍认为Internet是一条"信息中速公路"，是未来信息高速公路的雏形。

Internet现已成为许多行业和个人不可缺少的工具。人们通过电子信箱、文件传送、远程登录、信息服务和网络新闻等Internet提供的服务发送和接收电子邮件，查阅远在异国的大型图书馆里的资料，点播自己喜欢的电视节目……

中国现已成为Internet大家庭中的一员。Internet已走进各行各业和千家万户。

电脑是怎样工作的

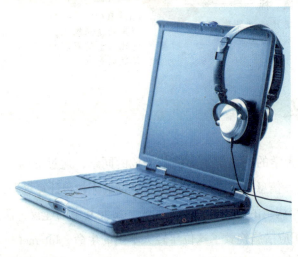

⬥ 笔记本电脑

电脑是一种按照一系列指令处理信息的机器。电脑用人们能理解的形式给出结果。电脑是一种电子设备，它能比人脑的运算速度快百万倍。首先，电脑接收由使用者输入的数据或信息；然后按照程序把这些信息处理成简单的电子信号，并得出结果。所有的电脑都使用二进制语言。二进制数全由 0 和 1 两个数字组成。人们在键盘上敲入字母，或移动鼠标或操纵杆，微小的电流就送入电脑。这些电流以二进制数的形式被电脑储存下来。

世界上第一部电脑占据了 100 多平方米。从 20 世纪 60 年代开始，电子元件越来越小，电脑也开始缩小尺寸。由于微型集成电路的发明，家用电脑的出现成为可能。微型集成电路能在一块指甲盖大小的空间里包含成千上万个电子元件。一台个人电脑（PC）可做许多工作，从文字处理到三维（3D）设计和动画制作。个人电脑还可用来录制编排音乐，并在电脑上播放。桌面出版系统使书籍和杂志都能在电脑上设计。

⏻ 知识链接

隐形衣只是一种设想吗？

能够拥有一件像哈利·波特那样的隐形斗篷可能是很多人的愿望，现在，这不再是梦想。英美科学家已经在成功研发可以让物体隐形的人工材质。物体涂上这种材质后，肉眼以及雷达将无法侦测到，穿上这种物质，就可以成功隐形。将这种新颖物质涂抹在战斗机上，就可以躲避敌人的攻击，涂抹在手机上，还可以防止辐射，总之，它的用途广泛、前景广阔。只不过，这种物质还要数年才能问世。

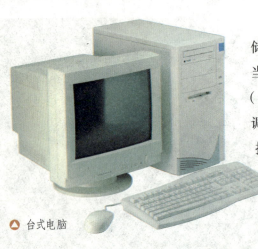

△ 台式电脑

个人电脑中的数据（信息）通常储存在随机存取存储器（RAM）中。当人们需要使用数据时，中央处理器（CPU）按指令顺序（程序）将数据调出。程序当然也储存在内存里。数据沿着名叫总线的电子通道进出中央处理器。数据经过处理后，再次储存于 RAM 中。

小小芯片的威力

20 世纪 40 年代，第一台电子计算机诞生时，每秒钟可运算 5000 次。当时有人曾做过一个实验：在发射一颗炮弹的同时，让它计算这颗炮弹的飞行轨迹和落地点。出人意料的是，在炮弹还未落地时，它已算出了全部的数据。这一结果，使人们感到电子计算机的威力。但当时的电子计算机非常笨重，体积有几间房子那么大。如今，一台家用电脑的运算速度，比起40 年代的电子计算机要快几十万倍，威力更大，可体积只有普通电视机那样大。

如果我们打开家用电脑的机箱，可以进一步看到电脑的核心部位——中央处理器，英文缩写为 CPU，人们称它为电

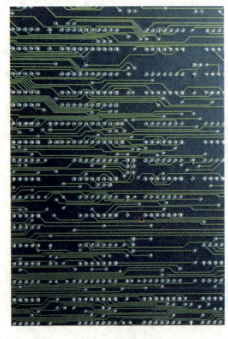

△ 芯片

脑的"脑"。它是一块小芯片，面积还不到1平方厘米。小小芯片怎么会有这么大的威力？

其实，芯片虽小，里面的结构却异常复杂。将芯片放在电子显微镜前，放大几万倍，可以发现：小小芯片上有无数个小区域，小区域与小区域间由密密麻麻的细线相连；这些区域包含几十万个晶体管和电阻、电容，它们组成了数万个逻辑电路。整个芯片看上去像一张错综复杂的"城市平面图"。

由于小芯片上集合了数万个逻辑电路，所以人们称它为大规模集成电路。小芯片由半导体材料做成，它是当代高科技的产品。现在一块指甲大小的芯片上，已可以集成几十万个逻辑电路，其本领更大，功能更全，真是威力无比。

什么是集成电路

随着科学研究工作的不断发展，电子器件（晶体管、电阻、电容等电路基础器件）的研究也取得了长足的进展。目前，集成电路和大规模集成电路已广泛地应用于工业和科研领域。

🔺 早期的个人电脑上的集成电路板

芯片被装在金属"腿"上或者防护套内，通过印刷电路板相连接起来

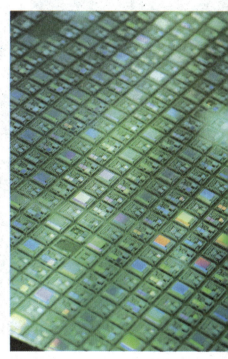

🔺 电脑的电子电板

集成电路是一种微型电子器件或部件。把一个电路中所需的晶体管、电阻、电容等，制作在一小块或几小块半导体晶片或介质基片上，成为具有所需电路功能的微型结构，整个电路的体积就大大缩小了。现在，我们可以把1000个以上的元件集成在一块晶片上，并互连成具有一个系统或一个分系统功能的电路。我们称这种电路为"大规模集成电路"。我们把每块集成10万个以上元件或10000个以上门的电路称为"超大规模集成电路"。

宇航服

宇航员要能够走出宇宙飞船来到宇宙空间，安全地工作，就必须穿戴一种特殊的密闭服装和密闭头盔。这

就是我们所说的宇航服。穿上它不仅可以抵御强烈的阳光辐射，而且还能适应高温、极低温以及真空等宇宙空间极为恶劣的自然环境。

宇航服不仅能使宇航员身体的各个关节部位活动自如，而且为了不使宇航服在真空条件下像气球一样膨胀起来，里面还加进了一些非常结实的纤维。宇航服

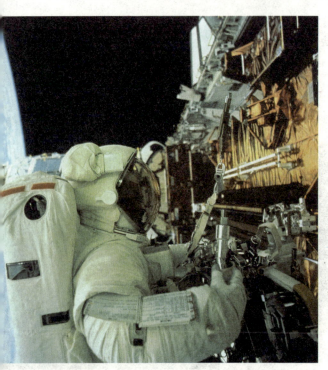

🔺 宇航服

由几层具有特殊作用的材料制成，它具有隔离高热高冷、防止宇宙辐射、通风调温、给人体表面充气加压等作用。除此之外，它还有提供充分氧气的装置和能与外界自由通话的无线电通信系统。总之，宇航服是一

▲ 太空中的宇航员

种能在宇宙空间工作的较理想的服装。

宇航服的样式多种多样，作用也不同，有在宇宙飞船内穿用的，也有在宇宙飞船外穿用的。

▲ 未来的无人驾驶汽车

机器人

机器人是一种模仿人类行动的机器，它可以完成许多对人来说太危险和太单调的工作。

"机器人"这个词来自捷克语robata，意思是必须为地主工作的农民。机器人把人类从沉重烦闷的工作中解脱出来。它们从事固定而有

规律的工作，如工业上的喷漆和焊接。它们也用在危险的环境中，例如有毒环境和火山周围地区。装有电眼的机器人也可以用来检查货物或给货物分类。机器人广泛应用于工厂，机器手把元件焊接到电子线路板上。

1959 年，在美国诞生了第一个机器人。虽然机器人是美国发明的，但日本是当今世界工业机器人的主要制造商和使用者。1967年，日本从美国引入了第一个机器人；到 1978 年，日本已年产机器人 1 万台；1980 年，则是 2 万台。20 世纪 90 年代，世界上的机器人有一半产自日本，大部分用于汽车工业和电子工业。

现在正在发展机器人在工业以外的用途。1990 年，美军采用了机器间谍，它是一种装备有摄像机的遥控全地形车，可在敌方土地上漫游，把有关火力和武器装备的情况发送回来。1991年，澳大利亚采用了剪羊毛机器人，它比人工剪羊毛几乎要快 2 倍。1993 年，荷兰的一个奶牛场第一个安装了挤奶机器人，它是由电脑控制的。

🔺 四足机器人

🔺 机器人

能思维的机器人

能思维的机器人可以在人不宜进入的危险场所工作。宇航员、潜水员、炸弹排除专家和在危险场所工作的其他人员，早已使用机器人来帮助工作了。但是这些机器人都不具备"思维功能"，所以专家们不得不在一个较为安全的地方遥控指挥他们工作。现在许多机器人安装了智能系统，能够自己进行工作，例

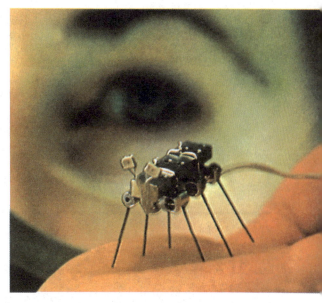

🔺 昆虫机器人

要设计出一台像人一样的机器人是一件极其艰难的工作，众多研究者现在只能设计简单的机器人，如昆虫机器人。尽管如此，即使是最简单的蚂蚁机器人，也需要一台庞大的计算机来提供它所具备的智能。

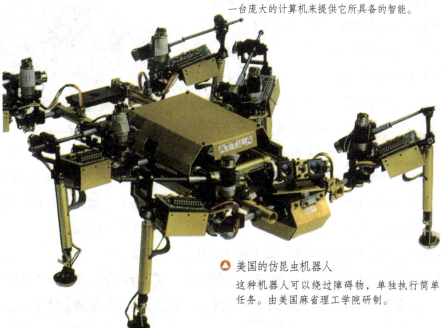

🔺 美国的仿昆虫机器人

这种机器人可以绕过障碍物，单独执行简单任务。由美国麻省理工学院研制。

如一组拆卸炸弹的机器人能够处理引爆工作，代替专家本人完成工作。

⏻ 知 识 链 接

机器人会取代人类吗？

机器人从它诞生的那一天起，就充满着无穷的生命力。美国普林斯顿大学的萨帕尼可夫曾预言："人类将被机器人所代替，人类将成为机器人的玩物，保管在动物园里。"但是我们也都知道，机器人的控制程序都是由人类编写的。换句话说，机器人是受人类控制的人类思维的"再现"。所以，从程序的源头讲，人类是不会允许机器人社会超越人类本身的，机器人也就无法取代人类。

⟨⟩ 什么是超导

我们平时使用电水壶烧水时，都有这样的体验：时间一长，电源线会发热。这是因为电阻在作怪。电流在导线中流动时，克服电阻就要消耗电能，这部分能量以发热的形式白白地损失掉。发电厂发出的电是通过电缆输送到各个地方的，电能在长长的输电导线上的损失就更大了。我国目前约有 15% 的电能损耗在输电线路上，每年损失的电能达到约 450 亿千瓦时。如果导线没有电阻，那该多好啊！

🔴 电线通电后，存在电阻。

1911 年的一天，荷兰莱顿大学的昂尼斯教授正全神贯注地研究水银的低温性能。他先把水银冷却到约零下 40℃，液体水银很快凝固成一条水银线；然后，他再在水银线中通以电流，并继续降低水银的温度。当温度降到近零下 269℃（4.2K）时，奇迹出现了，水银的电阻突然消失——电阻为零。这时电流在零电阻的导线中畅通无阻，不再消耗电能。

人们把这种零电阻的现象叫作超导现象，把具有超导电性的物质称为超导体。每一种超导体只有当温度降到一定数值时，才会发生超导现象。这个从正

常电阻转变为零电阻的温度，就称为超导的临界温度。

以后，人们发现近30种金属元素和约5000种合金及化合物都具有超导现象。在各国科学工作者的努力下，超导临界温度的纪录不断被打破。1988年，我国科学家发现了超导温度约为120 K的钛钡钙铜氧化物。在低温超导材料的研究中，我国同美、日一起名列世界前茅。

"善解人意" 的记忆合金

一位从事美国海军军械研究的科学家在研制新的舰艇材料时，发现了一个有趣的现象。把一根在常温下硬如钢铁的镍钛合金丝放入冷水中，它奇迹般地变成可以随意弯曲成任何形状的柔软合金了。但若将它放回热水中，弯曲的镍钛合金丝会突然伸直，恢复到原先的形状。由此，科学家们把具有

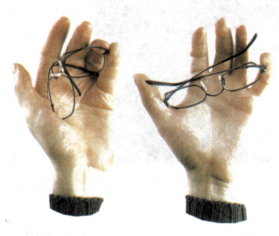

用手掌心轻微地加热，便能使这副由镍钛合金制成的眼镜架恢复原来的形状。

形状记忆合金

由镍钛合金制成的物体被敲瘪后，只要通过简单的加热便会恢复原形。这是因为镍钛合金是一种能够记忆原来尺寸和形状的合金（SMA）。它由镍、钛和其他金属混合而成，其原子紧密地连在一起。一旦镍钛制品被敲瘪、扭曲，只要稍微加热就会使其原子返回自己原先的排列里去，所以镍钛被用来制成眼镜框架、飞机部件、牙齿的支架和钳子。

形状记忆合金的晶格结构

🔺 记忆合金可以制作人造卫星的抛物面天线

记忆形状能力的合金称为"形状记忆合金"。

形状记忆合金在某一温度下变化时，它的化学成分并没有改变，原子也没有扩散，只是它的晶格结构发生了变化，但这种晶格结构仍与原来的形状维系着一定的关系，所以当温度恢复，合金就恢复到原先的形状。根据这一原理在加工时首先把合金材料加工成一定的形状，然后把它放入300℃～1000℃的高温中进行热处理，这样合金就能记住加工后的形状了。当然，不同的合金材料进行热处理的具体工艺各不相同。

形状记忆合金有它特殊的用途：在工业生产中利用记忆合金制作输送管道的接头，能够非常有效地防止漏油、破损、脱落等事故；在航天领域用来制作大型抛物面天线，当航天器受到热照射时天线会自动展开，而在发射时它可以缩得很容易携带；医学领域中，它可以用来固定断骨和制作人造心脏的收缩用元件；记忆合金还将大大方便人们的日常生活。目前，已进入实用的记忆合金主要是约含镍50%、钛50%的合金。可以预计，记忆合金在各行各业中大显身手的日子为期不远了。

克隆绵羊多莉

"克隆"（clone）的英文原意是"无性繁殖"。通俗地说，就是"复制""拷贝"生物，而不是靠父母繁育后代。我们知道，细胞是构成生命的最基本单位。从理论上讲，任何一个细胞都含生物体的全部基因，都可以被克隆。但实际上，目前只能利用植物的任何部分细胞，如根、茎、叶或种子部分细胞，克隆出相同的完整植物。而动物任何部分细胞的克隆，就困难得多了。所以，英国科学家搞了数百例克隆羊的试验，才成功了7例，而且只有1例是从成年雌性绵羊的最活跃的乳腺细胞克隆出来的，人们叫这只绵羊为"多莉"。其他6例则是用胚胎细胞克隆出来的。从1986年以来，我国克隆出的克隆山羊、克隆牛和克隆兔也是胚胎克隆的。美国克隆猴也是胚胎细胞克隆的。

由于这些胚胎细胞克隆出的动物，不是成年动物体细胞克隆出的动物，所以克隆出的动物与任何成年动物的基因不一样，属于异体复制，换句话说，"拷贝"的是提供受精卵胚胎的动物的下一代，相当于生了个"多胞胎"，或者相当于它的孩子。而体细胞克隆是属自身复制，"拷贝"的是提供体细胞的动物自身。所以说，英国科学家克隆出的绵羊"多莉"才是真正第一个"复制"出的哺乳动物。多莉自己也产下一只羊羔，当上了母亲。

英国克隆绵羊"多莉"的出生，与三只雌绵羊有关。第一只羊提供了乳腺细胞，

⬤ 绵羊多莉

克隆出多莉并不是一件容易的事，它是277只克隆的试验羊中仅剩的一头活着出生的羊。2003年2月，6岁多的多莉因患肺病不幸死亡。它的死给人类研究克隆技术带来了新课题。

第二只羊提供了一个被去除遗传物质的未受精的卵细胞，然后通过微电流刺激使这个"空"的卵细胞与第一只羊的乳腺细胞融为一体，并发育成胚胎，最后放进第三只羊的子宫内孕育出"多莉"。从社会学意义上讲，"多莉"应有三个母亲。理由是这三只雌绵羊都对孕育"多莉"做出了贡献。而按遗传学的观点，分别提供受精卵的精子、卵子的两个生物个体才是受精卵的父母。但是"多莉"是无性繁殖，从它身上找不到创造生命的卵子和精子，它只是第一只羊的复制品，二者是同辈。所以有人认为"多莉"没有遗传学意义上的父母。

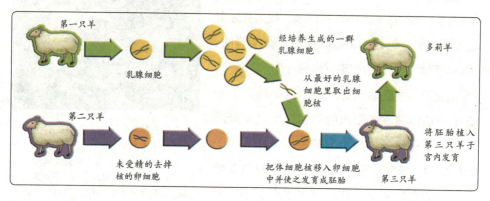

🔺 多莉羊的产生流程图

科学家从科学意义上认为："多莉"是由同一个祖先细胞分裂繁殖而形成的纯细胞系，这个细胞系中每个细胞的基因彼此相同，称无性繁殖细胞系。显然，"多莉"不仅与提供体细胞的第一只羊的基因完全相同，而且二者来自于同一个祖先细胞，或者说来自同一个受精卵。因此，"多莉"在遗传学意义上的父母，该是提供体细胞的第一只羊的父母。

基因工程的崛起

俗话说，种瓜得瓜，种豆得豆。一切生物都是按照遗传规律，将自己的特征世代相传。生物遗传的物质是细胞内的染色体，而染色体是由 DNA 双螺旋链

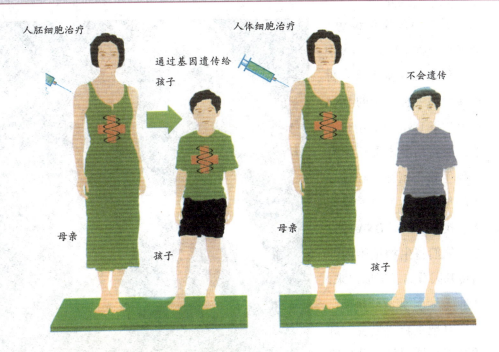

人胚细胞治疗

通过基因遗传给孩子

母亲

孩子

人体细胞治疗

不会遗传

母亲

孩子

知识链接

虎狮兽和狮虎兽

　　虎狮兽是指雄性老虎和雌性狮子交配产生的后代，相反，狮虎兽是指雄性狮子和雌性老虎交配产生的后代。自然环境是无法产生这两个物种的，两种兽都是在人工环境下出生的，受孕的成功率也仅为1%~2%。狮虎兽的体型大约是老虎和狮子的2倍，而虎狮兽则只有老虎和狮子的一半大，由于太小，所以体质也更差些。狮虎兽和虎狮兽都极其罕见。有关资料显示，目前世界上存活的狮虎兽、虎狮兽共只有约20只。

状大分子所组成的。DNA是生命的基本物质，记录着遗传密码，而基因则是DNA的片断，每一个基因决定着生物的每一个相应的性状，如眼睛的大小、个子的高矮等等，这就是人们常说的遗传基因。

　　过去人们要想获取新的生物品种，只能采取性杂交的方法，如让驴和马交配，可以生出兼具驴、马特征强壮耐劳的骡子，但这种方法有很大的局限性，差异大的物种不能杂交，如驴和牛、小麦和大豆等，杂交的骡子也不能繁殖后代。

后来科学家们设想：如果将一种生物的DNA中的某种基因切割下来，再连接到另一种生物的DNA链上，将DNA重新组合一下，能否培养出前所未有的新生物类型呢？经过多年的努力探索，科学家们终于找到了重组DNA的方法。他们将生物细胞内的遗传基因分离、提取出来，并进行人工"剪裁""拼接"，然后再把重新"组装"好的基因移植到另一种生物的细胞内，使后者获得了一些原本不属于自己的特

⬤ 这是一头特殊的"绵山羊"（一半绵羊，一半山羊）。

性，并遗传给后代。这一工程称为"生物工程""基因工程"或"遗传工程"。

基因工程的崛起，是生物科学的一场革命，为生物遗传学、医学等领域带来了一系列神奇的变化。

⏻ 知识链接

嵌合体

科学家把两种不同动物的DNA组合起来培育出了某些奇怪的品种。例如，他们把一头绵羊和一头山羊的DNA杂交，生产出一种特殊的动物"绵山羊"。由两种不同的种类杂交后产生的动物叫做"嵌合体"，它能用于许多领域研究。例如科学家把猛犸象的DNA与现代大象的DNA结合起来，用于研究史前生物的情况。

方便快捷的静电复印

○ 复印机

在 20 世纪 30 年代之前，人们要复制一份文件，只有用手抄、用打字机打印或晒蓝图复制。手抄或打印既慢又容易出错，用晒蓝图的方法复印虽然不会与原稿有出入，但复印出的深色调（蓝底）图像不够清晰，而且要在复印纸上涂化学药剂，再曝光、显影，不够方便。1938 年，美国业余发明家切斯特·卡尔森决心发明一种新型的复印机，他为此做了许多实验。一天，卡尔森将一块涂有硫黄的锌板放在暗室中，并用棉布反复摩擦，使它带上静电。然后，他在锌板上放一张透明的原稿，曝光之后撒上石松粉末，就复印出了原稿的图像。这是静电复印的原始方式，为静电复印机的发明开辟了正确之路。卡尔森为

○ 复印机

此申请了专利。1946年，哈洛伊德公司买下了卡尔森的专利，并请他继续研究。1959年，他终于研制出了世界上第一台完善的静电复印机。如今，现代办公室里的复印机具有多种功能。它们能根据需要，用大小不同的纸进行复印，还能放大或缩小图像，甚至进行彩色复印。

发现发明

电视机的发明

⬥ 看电视

如今，电视机早已走进了千家万户，看电视似乎已经成了我们每个人每天所必做的事情。在现代社会里，没有电视机的生活已经不可想象了。各种型号、各种功能的黑白和彩色电视机不断进入各家，液晶、数字、立体电视更是新兴的品种。电视机给人类带来了无穷的知识与欢乐，无疑，电视机是20世纪人类最伟大的发明之一！

电视机的发明者是贝尔德。贝尔德出生在英国，从小就体弱多病，但是他却具有极强的勇气和毅力。大学毕业后，他在电气公司工作。一天，一个朋友告诉他："既然能够远距离发射和接收无线电波，那么发射图像也应该是可能的。"这话使他受到很大启发。他决心要完成"用电传送图像"这一艰巨的任务。于

⏻ 知识链接

电视卫星

打开电视，我们之所以能看到那么多的频道，其实都是电视卫星的功劳。

电视卫星是一种在地面站之间转播电视信号的轨道卫星，一般发送至适当高度(例如大西洋或印度洋上空)，以便世界各地通过这种卫星都可接收到转播的节目。它的主要优点是信号范围大，有三颗卫星就基本能实现全球通信，而且卫星信号不受地形的影响，建设卫星地面接收站快，可用于不同方向和不同地区的通信。

是他卖掉财产，筹集资金，收集资料……把时间和精力都投入到了研制电视机上。即使是疾病折磨着他，他也依旧顽强地坚持工作着，常常是夜以继日，饿了吃口面包，困了随便睡一会儿，没有钱买实验器材就以旧茶叶箱、旧帽子盒盖、编织针等代替。他从不抱怨，也从未放弃，他以超乎常人的意志力坚持着、实验着，经过长时间的艰苦奋斗和无数次失败之后，贝尔德终于用电信号

⬤ 液晶电视机

将人的形象搬上了屏幕。他的努力没有白费，他终于向世人证明了自己！

　　1929 年，英国广播公司允许贝尔德公司开展公共电视广播业务。30 年代以后，贝尔德又转向了彩色电视的研究，并有所成就。从此，电视改变了人们的生活。

洗衣机的发明

　　家务劳动对于许多人而言是一件痛苦至极的事情，尤其是洗衣服，手搓、棒击、冲刷、甩打……真是既费时间又费力气。这些不断重复的简单的体力劳动，天长日久，难免会让人心烦。因此，"洗衣机的发明"在此刻就显得尤为重要了。

　　洗衣机的发展与完善经历了一个很

⬤ 洗衣机

长的过程。1858 年的时候，一个叫汉密尔顿·史密斯的美国人在匹茨堡制成了世界上第一台洗衣机。这台洗衣机的主件是一只圆桶，桶内装有一根带有桨状叶子的直轴，轴不断转动来清洗衣服。但这台洗衣机使用起来很费力，而且容易损伤衣服，所以没有被广泛使用。到了 1859 年，又在德国出现了一种用捣衣杆作为搅拌器的洗衣机，捣衣杆上下运动来捶打衣服以达到清洁的目的。而到 19 世纪末期的时候，洗衣机已经发展到了一只用手柄转动的八角形洗衣缸，类似于我们现在所用的直立式洗衣机的机缸，洗衣时缸内放入热肥皂水，衣服洗净后，还有轧液装置把衣服挤干。1874 年，美国人比尔·布莱克斯

发明了木制手摇洗衣机。他主要是在木筒里装上了 6 块叶片，用手柄和齿轮传动，使衣服在筒内翻转，从而达到"净衣"的目的。1880 年，美国在技术革命的影响下又发明了蒸汽洗衣机。之后，水力洗衣机、内燃机洗衣机也相继出现。

1910 年，美国的费希尔在芝加哥试制成功世界上第一台电动洗衣机。电动洗衣机的问世，标志着人类家务劳动真正迈向了自动化，同时也标志着人类开始逐渐从繁重的家务劳动中解放出来。

▲ 洗衣机给人们的生活带来了很大方便。

风扇的发明

风扇的种类多种多样，常见的家用电风扇有吊扇、台扇、落地扇。台扇中又有摇头的和不摇头的之分，落地扇中有摇头、转叶的区别。炎热

▲ 吊扇

的季节，风扇可以给人带来凉爽，使人舒服安稳地学习、工作和休息。作用真是不小啊！

电风扇究竟是谁发明的，现在已经很难找到相关的资料了。有人说是美国的发明王爱迪生于 19 世纪 90 年代，在他的电气车间生产的。也有人说，第一台商品化的电风扇，是于 1882 年由美国一发动机厂的技师休伊·斯卡茨·霍伊拉发明的。第二年，该厂就开始批量生产这种风扇，当时的电扇，是只有两片扇叶的台式电风扇。

1908 年，美国的埃克发动机及电气公司，研制成功世界上最早的由齿轮驱动左右摇头的电风扇。这种电风扇防止了不必要的 360° 转头送风，这种风扇以独特的设计和更完善的结构而普遍被人接纳，成为了以后销售的主流。

2009 年 10 月 12 日，一种新型风扇——无叶风扇在英国首度推出。这项发明的灵感源于干手器。这种无叶风扇的空气流动比普通风扇产生的风更平稳。它产生的空气

▲ 台扇

量相当于目前市场上性能最好的风扇。因为没有风扇片来"切割"空气，使用者不会感到阶段性冲击和波浪形刺激。它通过持续的空气流让你感觉更加自然的凉爽。

随着科技的进步，一定会有更多既美观又实用的风扇来适应大家的不同需求。

⏻ 知识链接

影响未来的十大发明

人造钻石——电子产业的革命；太空农作物——更大更营养；超轻型汽车——省油省钱真划算；"基因电路"——消灭细菌的武器；新型内存芯片——帮助大脑记忆；微型追踪飞行器——失踪并不可怕；水陆两栖房子——真正的诺亚方舟；发光塑料芯片——可以折叠的电子书；高强度碳纳米管——太空升降机；智能驾驶系统——让计算机当司机。

毛笔的发明

毛笔是文房四宝之一，是古代文人墨客必不可少的书写工具。提到毛笔，人们往往会想起"蒙恬造笔"的故事，认为秦代名将蒙恬是毛笔的发明者。其实，事实并非如此。

根据出土文物的显示，专家推测，中国人使用毛笔的历史，至少可以上溯至距今约六千年前的新石器时代。西安半坡遗址出土的陶器上人面纹、鱼纹、植物纹等，是用毛笔描绘出来的；河南安阳殷墟出土的商代甲骨上的字迹，也是毛笔书写的痕迹。因为这些图画和字迹的笔画，都具有软笔的特点：线条圆转流畅，有粗细的变化等等。

不过，出土的实物毛笔，要晚于这个时间。1954年，考古工作者在湖南长沙的一座战国墓中发现了一只毛笔，这被认为是我

▲ 毛笔

国迄今为止发现最早的毛笔实物，被称为"战国笔"。

关于毛笔还有一段有趣的故事呢，据古书记载：岭南这个地方无兔，某郡守把一块兔皮给笔匠做笔。笔匠喝醉酒，将兔皮弄丢了，怕受惩，情急之中，割下自己的胡子来做笔。谁知做出来的笔非常好使，太守命令他再做一支。笔匠无奈，只好说出实情。于是太守就命百姓中的老人割下胡须作捐税。可见不同的毛发写出字迹的效果是不同的，制笔用的毛可谓千奇百怪，除了以上所说，还有獭毛、猪毛、鹿毛、马鬃毛、羊毛、狼毛、鸡毛、鼠毛等。

◀ 毛笔

铅笔的发明

传说，1564 年，一场狂风暴雨过后，英国某处的一棵大树被吹倒了，树根处露出了一大堆黑色的矿物质，就是如今的石墨。当地的牧羊人发现了石墨的用途——在羊身上画记号。不久，店主和商人都开始用它给货物作记号。这就是"原始的铅笔"。

但是，石墨易碎。1761 年，德国化学家法贝尔经过种种试验后，终于发现，在石墨中掺入硫黄、锑和树脂，加热凝固后压制成的一根根"铅笔"，硬度合适，书写流畅，也不容易弄脏手。1789 年，由于法国爆发战争，石墨短缺，负责收集石墨的孔特偶尔在石墨中掺入些粘土，效果惊人，这种混合物变成了世界上最好的画笔。

▲ 铅笔

不过，孔特的铅笔和法贝尔的铅笔，都只有一根细条，很容易折断。1812年，美国的一位木匠威廉·门罗让铅笔穿上了木头"外衣"。于是，第一支现代铅笔产生了。在门罗铅笔诞生的100年以后，日本人早川德次在1915年发明了一种能够把铅笔芯反复推出的铅笔，它就是如今广泛使用的自动铅笔的原型。

最有趣的要数美国画家李浦曼，找到铅笔又丢了橡皮，为方便，就把橡皮用铁皮固定在铅笔上，于是带橡皮的铅笔诞生了。

现在世界上有多达300多种的铅笔，真是令人眼花缭乱啊！

⏻ 知 识 链 接

橡皮到底是谁发明的？

很久以前，人们都用面包屑擦铅笔字。直到1770年的一天，一位名叫普里斯特的人在一次无意之中把橡胶当作面包屑去擦笔迹，他发现橡胶比面包好用多了，于是奔走相告，这就是最早的橡皮擦。但是橡胶擦字只是把铅笔末粘在橡胶上，时间一长就越擦越脏。后来，人们在制作橡皮时加入了硫黄和油等物质，使橡皮很容易掉屑，被擦掉的铅笔末随着碎屑离开橡皮，这样一来，橡皮能经常保持干净，也就不会把纸弄脏了。

钢笔的发明

早在 1809 年，英国就颁发了第一批关于贮水笔的专利证书，这标志着钢笔的正式诞生。但是早期的贮水笔，墨水不能自由流动。写字的人必须压一下活塞，墨水才开始流动，写一阵之后还得再压一下活塞，否则墨水就不能流动，特别麻烦。直到 1884 年，美国一家保险公司的一个叫沃特曼的雇员，发明了一种用毛细管供给墨水的方法，才比较好地解决了上述问题。这种笔的笔端可以卸下来，墨水用一个小的滴管注入。

🔺早期西方人使用羽毛笔。

1884 年，美国的华特门应用毛细原理设计了自来水笔。

钢笔的大规模推广和使用是约 100 年前派克笔的问世。1933 年，美国派克公司研究人员发明了真空吸水结构的自来水笔，这种笔操作简单，使用时间长，受到了大家的一致赞扬，很快在全球范围内传播开来。到 1952 年，又出现了用一根管子伸进墨水中吸水的施诺克尔笔。直到 1956 年，才

🔺钢笔

🔺钢笔

发明了现在常用的毛细管笔。

西方钢笔的发展与完善也对中国文化产生了巨大的影响。钢笔的传入和使用，使沿用了至少2000多年的中国毛笔逐渐退居"二线"，引发了中国书法史上的革命，产生了现代的硬笔书法。

圆珠笔是谁发明的

科学技术像一把改造自然的万能钥匙。当人们用它打开未知世界的第一道大门之后，必然又要用它去打开第二道大门、第三道大门……

在华特门发明自来水笔4年后的1888年，美国的劳德提出一种完全不同于自来水笔的新式笔。他在笔尖上装一个圆珠，书写时，随着圆珠的滚动，把墨水留在纸上，这就是我们通常所说的"圆珠笔"。

△ 圆珠笔

△ 圆珠笔

由于技术问题，劳德的发明没有成功。

1943年，匈牙利记者拉迪斯洛·比罗和他的兄弟格奥尔格申请了专利，并生产了第一种商品化的圆珠笔。后来，他将这项发明提供给了英国皇家空军。

当时，美国一个名叫雷诺的商人看到了这种圆珠笔，他以商人的敏感，认定这是一

项大有发展前途的产品。于是，他对这种圆珠笔一边从外形上进行加工改进，一边又大力进行宣传。第二次世界大战末期，雷诺的宣传广告几乎遍及了世界五大洲，恰好就在这个时候，原子弹在美国制造成功了，雷诺为了耸人听闻，招徕顾客，便把"原子"之名加在圆珠笔上，命名圆珠笔为"原子笔"。

🔺 可爱的娃娃造型圆珠笔

水彩笔和蜡笔

　　水彩笔和蜡笔都是儿童常用的绘画工具，它们颜色鲜艳、色彩丰富、操作简单、使用方便，深受孩子们的喜爱。

　　水彩笔每盒有12色、24色、36色不等，笔头一般是圆的，它们水分足，色彩丰富而鲜艳，但其也有自身的缺点：水分不均匀，过渡不自然，两色在一起不好调和，所以一般适合画儿童画。有些水彩笔笔壳还可以分隔成若干个竖向水彩槽，在每个槽内填充不同的水彩，可以使水彩笔一次描绘出不同色彩的图案，从而提高了涂画

🔺 蜡笔

效果，且色彩可以任意调整，更适宜书画的创作，也更有利于提高学生学习兴趣和书画水平。

蜡笔是将颜料掺在蜡里制成的笔，可有数十种颜色。和水彩不同，蜡没有渗透性，是靠附着力固定在画面上，不适宜过于光滑的纸、板，也不能通过几种色

▲ 小男孩在画蜡笔画

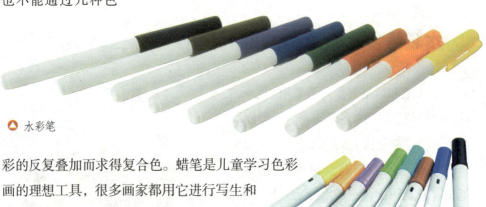

▲ 水彩笔

彩的反复叠加而求得复合色。蜡笔是儿童学习色彩画的理想工具，很多画家都用它进行写生和记录。

最早的蜡笔生产公司之一，应数日本东京的樱花颜料制品公司了。他们在 1921 年就开始生产蜡笔，1925

▲ 水彩笔

年研制出了我们比较熟悉的油画棒，1950 年开始生产水彩颜料和油画颜料，1973 年开始销售全塑料式的新型蜡笔，1995 年，具有无毒性、高品质的透明水彩颜料也开始销售，为颜料制品的发展与创新做出了巨大的贡献。

拉链的发明

美国著名的《科学世界》杂志根据广大读者推荐，从成千上万件发明中，选出 20 世纪影响人类生活最大的 10 大发明，它们包括飞机、火箭、电视、电冰箱、飞艇、集成电路等赫赫有名的科技成果。但是，名列榜首的却是小小的"拉链"，可见它在人类生活中所起的作用举足轻重。

△ 拉链

拉链发明于 1883 年，相传是美国芝加哥市的工程师威特科姆·贾德森为减轻妻子钉纽扣的麻烦想出来的一个办法：发明了一种可以上下移动的"可移动的扣子"，他在两条布边上镶嵌了一个个 U 形的金属牙，再利用一个两端开口、前大后小的元件，让它骑在金属牙上，通过它的滑动使两边金属牙啮合在一起。这就是拉链的雏形。贾德森的这一发明存在着严重的缺点，就是闭合不紧，而且容易自动绷开。尽管如此，他的想法在当时依然具有独特性与开创性。

△ 拉链

　　贾德森因为此项发明还与人合办了公司继续进行扣子的研究。到了 1913 年，瑞典人桑巴克改进了贾德森的设计，使它们一个紧套一个，这时候的拉链已经非常类似于今天的拉链了。这种新型的扣子使用起来十分方便可靠，得到了一致的赞扬。后因美国豪富公司的积极作用，根据拉链开合时发出的摩擦声，为它起了个形象的名字，叫作"Zipper"，也就是"拉链"。

　　如今，拉链已经演变得更加先进，成了生活中不可缺少的东西。它的用途早已突破了服装业，涉足到公共服务中的各个领域。

玻璃的发明

　　小朋友们对玻璃一定不会陌生，那么你们知道玻璃是怎样发明的吗？说起来，那还真是一个具有传奇色彩的故事呢！

　　很久以前的一个阳光明媚的日子，腓尼基人的一艘装满天然苏打晶体的大商船来到了地中海沿岸的河口。由于赶上了退潮，当船走到离河口不远的沙洲时便搁浅了。

　　被困在船上的腓尼基人登上了沙洲。中午，他们决定在沙洲上支锅煮饭，但是找不到可以支锅的石块。有人突然想起船上装的天然结晶苏打，于是大家一起动手，搬来了几十块垒起锅灶，燃起木柴，饭很快就做好了。当他们吃完饭收拾好餐具准备回船时，突然发现了一个奇妙的现象：只见锅下沙子上有种东西晶莹发光，十分可爱。大家以为发现了宝贝，就把它们收藏了起来。其实，这是在烧火做饭时，支着锅的苏打块在高温下和地上的石英砂发生了化学反应，形成了玻璃。

● 玻璃建筑

　　聪明的腓尼基人意外地发现这个秘密后，很快就学会了制作方法。他们先把石英砂和天然苏打搅拌在一起，然后用特制的炉子把它们熔化，再把玻璃液制成大大小小的玻璃珠。这些好看的珠子很快就受到外国人的欢迎，一些有钱人甚至用黄金和珠宝来兑换，腓尼基人因此而发了大财。

　　实际上，早在公元前 2000 年，美索

● 玻璃杯

不达米亚人就已开始生产简单的玻璃制品了，而真正的玻璃器皿则是于公元前1500年在埃及出现的。从公元前9世纪起，玻璃制造业日渐繁荣。而建于公元前332年的亚历山大城，在当时就是一个生产玻璃的重要城市。欧洲的玻璃生产业在18世纪逐渐兴盛起来。

邮票的发明

19世纪30年代的英国，寄信是按邮程距离及信的页数向收信人收费的。昂贵的邮费使一般人难以承受。

罗兰·希尔是一位杰出的改革家。为宣传自己的邮政改革主张，他出版了一篇名为《邮政改革——其重要性与现实性》

🔺 邮票

的小册子，引起了各界的注意。1839年8月，议会终于通过了著名的1便士邮资法。1840年1月10日英国决定实行罗兰·希尔的建议，不论远近，信函低于0.6盎司（1盎司约30克）均收费1便士。这就是在世界邮政史上影响深远的一便士均一邮资制。

付过邮资的人都会统一得到一个作为凭证的票状物，票上的图案经过征集最终定为英国维多利亚女王的侧面像。图案顶部中间有邮资字样，

🔺 信件与邮票

底部中间是面值 1 便士。周围是用黑色印刷的，所以又称黑便士邮票。

黑便士邮票原定于 1840 年 5 月 6 日发行，但有的邮局在 5 月 1 日就开始发售，世界上第一枚邮票就这样诞生了。而这一天也被定为邮票诞生日。罗兰·希尔对邮政改革做出了杰出贡献，不仅得到了维多利亚女王的封爵，而且也被人们尊称为邮票之父。

邮票不仅具有"邮资凭据"这样的实用价值，而且极具学习价值和收藏价值。比如我们常说的"大龙邮票"，现在价格拍卖到几十万英镑；80 年代的"猴票"，几年之内从面值 8 分 1 张升值为约万元一张。所以说集邮也是一种很有意义的、具有投资性质的收藏活动。

🔺 邮票的影响已今不如昔。

时钟是怎样制造出来的

公元 1300 年以前，人们主要是利用太阳的方位、水流和沙流的流量来计算时间。1350 年，意大利的丹蒂制造出第一台结构简单的机械打点塔钟，此钟只有时针，不很精确，还称不上完全意义上的时钟。

传说，1582 年，意大利比萨大教堂内，人们正在做礼拜，而一位年轻的大学生却盯住挂在教堂中的大吊灯若有所思。因为他注意到：吊灯一来一回摆动所需的时间是一样的。用现代语言来说就是具有等时

🔺 受吊灯摆动的启发，人们发明了时钟。

性。他决定应用这一规律。在此后无数次的实验中，他都利用摆的等时性来测量时间和运动。终于，功夫不负有心人，他的付出得到了回报。在同一年，他发明出了对以后极具影响的重力摆。而这位大学生，就是意大利伟大的物理学家伽利略。1656年开始，荷兰的惠更斯根据伽利略的理论

🔺 石英钟

🔺 建筑物上的时钟

把重力摆引入机械钟，创立了摆钟。之后，时钟就逐步精确与完善起来了。

18世纪至19世纪，钟表制造业已逐步实现工业化生产，并达到相当高的水平。20世纪，随着电子工业的迅速发展，钟表又进入了微电子技术与精密机械相结合的石英化新时期。现代社会已经变得越来越高效，人们对时间的要求也越来越精确，当各式各样的电子钟、石英钟、音叉钟、宇宙钟展现在我们面前的时候，我们不要忘记，为此做出巨大贡献的科学家以及他们极具特色的创造性思维和创造性劳动。

钥匙是怎样发明的

在底格里斯河畔的尼尼微城附近（今伊拉克的摩苏尔附近），豪尔撒巴德的亚述故宫废墟，发现了目前所知最古老的钥匙。那是约3000年前中东亚述人所用的锁和钥匙。这把锁是木制的，锁簧用几根活动木针制成。用一根带有数根针的长形钥匙插入，就可以使锁中的活动木针抬起。拔出锁销，锁便开了。埃及人也用这样的锁，当时人们

⬤ 钥匙

把长钥匙放在肩上。金属的锁和钥匙是由罗马人发明的。他们利用钥匙牙花拨动锁内的叶片缺口，除非钥匙上的沟槽恰好能配合锁内凹凸，否则钥匙就不能转动。

⬤ 老式锁

轮子是怎样发明的

人类发明轮子之前，笨重的东西都只有放在背上背，劳动强度很大，最早发明轮子的是生活在两河流域（主体在今伊拉克）的美索不达米亚人。在公元前3500年至公元前3000年，当时的轮子有两种：车轮与转盘。转盘是我们的滑轮、齿轮的

⬤ 古时木车

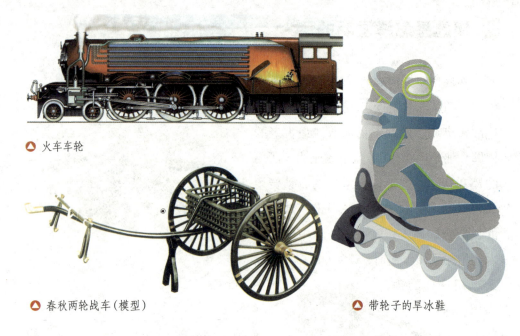

🔺 火车车轮

🔺 春秋两轮战车（模型）

🔺 带轮子的旱冰鞋

前身，最早的轮子是固定在轮轴上的，轮子与轮轴一起转动，滚动得不够灵活，而且震动大。后来，人们就把轮轴固定在车身上，让轮子自由转动，这样就转得比较轻快了，轮子的发明解放了人类的生产力。

眼镜是怎样发明的

相传，1266年，一位英国学者培根做了很多有趣的实验，他发现了一种方式可以使书上的字母放大易于阅读，其实他只是将玻璃球的碎片放在书上而已。后来，人们根据他的这种发现制成了眼镜。随着印刷图书的发展，眼镜成了许多人的必需品。16世

🔺 近视镜

纪，意大利和德国开始大量制造眼镜。1784年，富兰克林发明了远近两用的眼镜，就是一副眼镜上有两种不同的镜片。后来，人们对眼睛的构造进一步了解，眼镜就得到不断的改进，使戴眼镜的人看得更清楚了。

▲ 太阳镜

▲ 可拆卸的眼镜

▷ 墨镜

知识链接

眼镜家族

眼镜家族真是一个庞大的群体。我们大致将其分为框架镜和隐形眼镜两类。框架镜包括太阳镜、近视镜、散光镜、立体眼镜（3D）、平光镜等。太阳镜按用途又分为遮阳镜（墨镜）、浅色太阳镜和特殊用途太阳镜（用于滑雪、游泳等）。隐形眼镜多属于治疗性的近视镜，但也有为使佩戴美观的美容性眼镜，我们称其为彩色美瞳。现在，一种无镜的眼镜框架也受到了人们的极力追捧。

蒸汽机的发明

瓦特是英国著名科学家，蒸汽机的改进者，生于1736年。他是英国一位造船工人的儿子，他从小就喜欢动脑子研究问题。有一天，瓦特正在炉旁烧水，

当水沸腾的时候，蒸汽把壶盖顶起来，把壶提下来，壶盖就落下去了，再把壶放回炉子上，壶盖又被顶了起来。这一上一下，引起了他极大的兴趣。他想："如果把壶里的水增加几千倍、几万倍，力量一定是很大的……"他的这个想法十分可贵，为他后来发明蒸汽机打下了思想基础。

20多岁时，瓦特在苏格兰的格拉斯哥城的一所大学里当修理工，为了进一步研究蒸汽机，他自学了意大利文和德文，学习了各种机械制造技术。有一次，瓦特在修理纽可门大气机时，发现这台大气机的同一汽缸既要加热又要冷却，从而白白浪费了热量和时间，瓦特心想：难道就不能消灭这些浪费现象吗？

⏻ 知识链接

你知道牙膏的发明史吗？

18世纪，人们发明了一种刷牙的清洁剂——牙粉。它是用碳酸钙粉末掺进香料配制而成的，刷牙时细腻、润滑而又适口。它能除垢洁齿，使人感到清凉爽口。1893年，维也纳人制成了世界上第一支管装牙膏，牙膏比牙粉前进了一大步，它质地细腻，润滑爽口，使用方便，泡沫多，去污能力强。20世纪20年代，我国开始了牙膏的生产，当年上海出产的"三星牌"牙膏，算得上是我国牙膏的"元老"了。

传说，1765年5月的一个星期天，瓦特在格拉斯哥的牧场上散步，突然产生了一个奇妙的想法：汽缸中的热蒸汽在向上推动活塞后，再将它引向另外一个小室进行冷却，这样，同一个汽缸不就可以不需要既加热又冷却了吗？

接着，瓦特立即开始着手实验，他在蒸汽机上安装了活塞门，同时发

🔺 蒸汽火车对空气污染很大。

蒸汽火车
主要靠蒸汽
机制造的蒸
汽推动火车
前进。

明了自己的曲柄装置，把直线运动变为旋转运动。这样，瓦特的蒸汽机终于试制成功了。

纺纱机为什么叫"珍妮机"

　　在创造思维中获得灵感有很多形式，其中由偶然的、突发的事件受到启发，是一种常见的形式。1764年，在英国兰开郡的一个村庄里，纺纱工人哈格里夫斯在家中纺纱织布。那时织布用的飞梭刚发明不久，纺纱与织布之间的生产平衡就被打破了，出现了"棉纺饥荒"。多织布才能多收入。哈格里夫斯心里琢磨着寻找快速纺纱的方法。

　　一天，哈格里夫斯家中的纺车被碰翻了，原来横着的纺锤直竖起来，却仍在转动着。"噢，这可真有意思！"哈格里夫斯惊叫起来。哈格里夫斯从这意外的发现中受到了启发，从此，他试着将纺锤改为竖装，并将1个纺

珍妮纺纱机

锤改成8个。于是，世界上第一台纺纱机终于问世了。哈格里夫斯以女儿珍妮的名字命名了他的纺纱机。

富兰克林与避雷针

△ 富兰克林发明避雷针

想象是人类一种特有的能力，它可以使尚待创造的东西，首先以概念的形式出现。丰富的想象可以使人获得创造。美国著名的科学家富兰克林，就是以他对电学的强烈兴趣和丰富的想象力揭开了雷电之谜，从而成为电学的先驱者。

相传，1751年的一个夏天，大雨倾盆，雷电交加。突然，一个霹雳击中了距富兰克林住处不远的教堂，响声过后，教堂里冒出了浓烟。虽然水火不容，但大雨并没有扑灭这熊熊烈火，教堂在雨中迅速燃烧……

富兰克林认为：雷电也是电，是自然界的电。富林克林具有丰富的想象力，他把电想象为一种电流体，这

种流体充塞于一切物体中，只要把雷的电导入地下就安全了。

于是，富兰克林开始进行了试验：他在高楼的顶部立了一根金属棒，用一种不导电的材料加以固定，在金属棒的尾部连接一根金属线通到地下。就这样，他将避雷针的试验装置准备好了——这就是世界上最早的避雷针。后来，每当雷雨交加时，雷电驯服地沿着富兰克林设计的避雷装置流向地下，从此避免了雷电给人们带来的灾害。

避雷针的发明揭开了雷电的奥秘，使人类战胜了雷电。

◔ 高楼上的避雷针

导体的发现

电的现象很早就被发现，但直到 18 世纪，电学研究才开始发展起来。1729 年，英国人格雷在研究电的现象时发现，电荷在玻璃、木塞、丝线之间会传递转移，而在金属丝上看不到传递的现象。由此，他提出了绝缘体与导体两个概念。

随着电学研究的发展，导体在电学中的作用越来越重要，人们对导体的研究越来越深入。在研究中人们发现，不同物质的导电性能各不相同。导电性好的物质，内部原子核对外层电子的束缚

◁ 电线和插头中的金属部分是导体，外部的塑料是绝缘体。

力较弱，最外层电子容易摆脱束缚而在物质内部运动，成为自由电子。导体能够传导电流是因为存在自由电子。在电场作用下，电子做定向移动，在移动的过程中，失去电子的原子成为正离子，正离子阻碍着自由电子的定向移动。这种阻碍越小，导电能力越强。人们称这个阻碍为电阻，导体、半导体和绝缘体的分类，就是以电阻率为划分标准的。在此基础上，人们又重新定义了导体和绝缘体的概念。介于导体和绝缘体之间的就是半导体。

🔺 导电物体实验

▣ 震撼世界的发明——发电机

🔺 现代海上风力发电机

早在几千年前，人们就发现了电现象和磁现象，但却把它们看成互不相关的两件事。英国科学家法拉第成功地利用电和磁之间的联系制造出世界上第一台发电机。

法拉第家境贫寒，小学没有毕业就去当了学徒。在工余时间他如饥似渴地自学了电学和化学。他还常常亲手做实验，以检验书中内容的正确性。因此他被吸收为皇家研究所的一名实验员。

法拉第的口袋里常常塞满铜丝、铁片等物，一有空就摆弄起来。他制造了许多线圈、仪器，力图把磁变成电，但都失败了。

▲ 风力发电机叶片吊装图

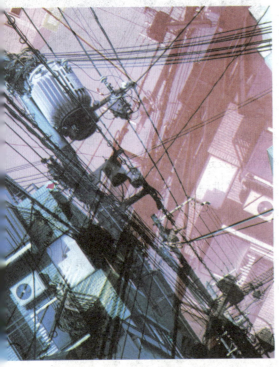
▲ 发电机

1831 年，法拉第做了一个实验：他给一个环形的闭合线圈串联了一个电流表。在实验中他发现，每次把磁铁放入或抽出线圈，电流表的指针就会摆动。做了好多次这样的实验，他终于明白：导体切割磁感线产生了电流。

法拉第在此基础上设计和制造出了世界上第一台发电机。从此人类进入电气化时代。这是 19 世纪人类最伟大的发明。

马可尼与"无线电通信"

德国的赫兹是"电磁波的报春人"，他 1888 年成功地进行了电磁波的发生和接收实验，而当别人提出利用电磁波进行无线电通信的设想时，他却一口否定了这种可能。可是事隔不到 10 年，物理学造诣远不及赫兹的马可尼却成功地发明了无线电通信，并由此而获得了诺贝尔奖金。

▲ 马可尼

约 20 岁时，生长在意大利的马可尼就听到了赫兹发现电磁波的消息，于是开始了对无线电通信的研究。在实验室里，马可尼用银粉末和镍粉末制造出了粉末检波器，并且坚持做实验，终于完成了电磁波的发送和接收实验。

在这之后，马可尼又进一步开动脑筋，将赫兹振荡器挂在大树上，并且一端连接一金属板作天线，另一端连接埋入地下的金属板作地线，通过对连接有天线、地线的通信装置的观察，得出了天线越高，装置的灵敏度也越高的结论。1895 年，他在自家窗户和 2700 米远的山丘之间进行了通信试验，获得了成功。

▲ 无线电话

知识链接

无线电通信类别

利用无线电波传输信息的通信方式即称为无线电通信，它能传输声音、文字、数据和图像等。不需要架设传输线路、不受距离限制，机动性好，建立迅速。但传输质量不稳定，信号易受干扰或易被截获，保密性差。其种类繁多，有移动电话、传呼机、数字程控电话、交换机、调度机、监控、耳麦电话、电话录音系统、对讲机等类型。

电梯是如何运送乘客的

电梯是依靠卷扬机的转动运送乘客的。最早的电梯是美国人沃特曼所发明的。电梯的工作原理是这样的：缆绳的一头系着升降台，另一头卷绕在卷扬机的圆柱形滚筒上，卷扬机的电动机一开动，滚筒朝一个方向旋转，缆绳带着升降台上升；卷扬机朝相反方向旋转，缆绳就放开，升降台就下降。

沃特曼所发明的这种土式电梯，有一个致命的弱点，那就是不够安全，万一缆绳突然断了，升降台从几十米高空摔下来，岂不是人亡货毁？

因此人们对这种电梯还不敢贸然乘坐。要使这种电梯打入市场，必须首先提高它的安全可靠性。

🔺 交流发电机

1852 年，美国纽约的一位机修工人奥蒂斯对电梯进行了重大改进，他在升降台的升降途中安置了两根导轨，使升降台在两根导轨之间平稳移动。同时，他又在升降台上安装了一种保险装置，使电梯变得非常安全。

为了让人们相信他的电梯安全可靠，奥蒂斯特意在纽约举办的世界博览会上当众表演。当电梯升到距地面数十米高的地方时，他命令助手将缆绳砍断。随着缆绳的断落，围观的人群中发出了一阵惊叫，观众的心都悬了起来。

但是，奥蒂斯的安全装置即刻发挥了作用，升降台一下停住，悬在半空中，人和机器都安然无恙。在人们的欢呼声中，奥蒂斯在半空中摘下帽子，向观众

🔺 电梯

躬身说："女士们，先生们，一切平安！"

奥蒂斯制造并安装了世界上第一台商用电梯。此后，电梯的基本原理虽没有改变，但种类已越来越多，性能也越来越安全。它已逐渐普及开来，成为现代城市建筑中不可缺少的重要运输工具。

爱迪生的伟大发明

● 发明电灯的实验

纽约市早先一家商店的橱窗里陈列了托马斯·爱迪生与其许多发明样品在一起的塑像。因此，爱迪生这位著名的美国发明家的形象就被用于灯泡的促销活动。

爱迪生是世界上最伟大的发明家，他一生的发明有1000多项，其中最有名的是电灯、留声机和电影。爱迪生是一个美国铁路工人的儿子，他非常喜欢做各种实验，制造出许许多多巧妙的机械，尤其对电器特别感兴趣。爱迪生下决心

● 20世纪初伦敦的一幅爱迪生灯泡宣传画

要制造电灯，为黑夜带来光明。爱迪生先后克服了两大难题：一是找到了能耐热的材料，他前后试验了1600多种各种各样的材料；二是把灯泡中的空气抽掉，让它成为真空。另外他发现只有白金丝性能最好，但白金价格贵得惊人，必须用便宜的材料来代替。经过艰苦的努力，他终于找到碳丝来做灯丝，把它放到灯泡中，用抽气机抽去空气，通上电，电灯亮了，而且连续

发光约 40 小时。这样，世界上第一盏碳丝白炽灯问世了。爱迪生又试验了 600 多种植物纤维，他选用竹丝加工得到碳化竹丝，改进后的电灯竟可连续发光 1200 小时。以后，另一位发明家用钨丝代替碳丝，电灯效率就更高了。随着日光灯、碘钨灯（小太阳）等的相继问世，我们这个世界逐渐拥有了种类繁多的人工光源。

🔺 爱迪生发明的放映机

这是首个产生活动画面的机器。50 米长的胶片在卷轴上移动，观众通过视孔观看活动画面。

1889 年，爱迪生和狄克逊费了很大心血，制造出了世界上第一台电影放映机。它的形状像长方形柜子，有一米多高，上面装着一只凸起的透视镜，里面装有蓄电池和带动胶卷工作的设备，胶片绕在一系列纵横交错的滑车上，以每秒 46 幅画面的速度移动，画面通过透视镜的地方再安置上一面大倍数的放大镜。观众从透视镜的小孔往里看时，急速移动的画面便在放大镜下构成一幕幕连续活动的画面，形象十分逼真。

5 年后，第一家电影院在美国纽约百老汇大街上正式落成了。当时的电影视镜每次仅能供 1 人观赏。电影院门口却人山人海，人们争相购票，非常热闹。

🔲 爱迪生为什么欣喜若狂

在爱迪生的全部发明中，最大的贡献莫过于留声机了。因为其他的发明大多是在前人的基础上作了重大的改进，而留声机则全然不同。在人类历史的长河中，"把声音贮存起来"，这是在爱迪生之前从未有人考虑过的。

这个发明是在一个偶然的机会里产生的。一次，爱迪生为改进电报上的一个装置，不慎将电报装置上的针尖触到正在滑动的电报带上。针尖在刻有线和点的符号上快速划过，发出类似音乐的"嗡嗡"声。这一意外的发现引起了爱

● 留声机

迪生极大的兴趣。他想：如果这种刻纹与人的声音相吻合，则人的声音不就能再现了吗？

爱迪生为了这个问题，熬过了许多不眠之夜。他使敷着锡箔的圆筒沿水平方向转动，把装在振动膜上的划针压在圆筒上，人对振动膜大声讲话，划针就在锡箔上划下刻纹。经过反复试验，留声机终于试制成功了！爱迪生对着振动膜大声歌唱，划针徐徐地在圆筒的锡箔上留下了刻纹。当他把划针放回圆筒上原来的位置再次旋转圆筒时，声音便又重现了出来。重现出来的声音与爱迪生的声音一模一样。爱迪生面对这项重大的发明，不由得欣喜若狂。

谁发明了电话

100多年前，电话和美国人贝尔的名字传遍了全世界。贝尔是怎样发明电话的呢？最早，有人把两个罐头盒的底部用一条绷紧的绳子连接起来，当一个人对着一端的罐头盒讲话时，空气的振动通过绳子传达到另一端的罐头盒。但是，怎样把

● 现代电话

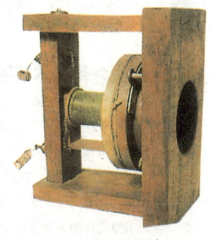

● 贝尔发明的第一台电话机

⏻ 知识链接

爱迪生的第一项专利

　　爱迪生在他漫长的发明生涯中，试制出电灯、电影、留声机等数以千计的适用于人民大众需要的新产品。在他的一生中，曾获得了1093项专利，因而被誉为"发明大王"。

　　21岁时，爱迪生在美国波士顿的公司当报务员。他在抄录新闻电稿时，发现议会每通过一项决议案总要唱票、点数、反复核对，让大好光阴等闲抛掷，感到十分可惜。于是他利用业余时间反复研究、试验，终于搞出了一项发明——投票记录机。

　　爱迪生向美国专利局递交了专利申请。1868年10月中旬的一天，他怀着惴惴不安的心情拆开了专利局的回信。信上说，他的专利申请经审查合格，准于登记，登记号是90646，登记日期是1868年10月11日，这就是爱迪生所获得的第一项专利。

　　爱迪生的第一项专利被批准了，他惊喜不已，于是立即筹足路费，赶到华盛顿去推销他的专利去了。

◀ 最早的电话没有拨号盘。所有的电话都由接线员接到正确的线路上。拨号盘出现于20世纪初，它使某些电话号码能自动接通。

◀ 老式拨号电话

一端的话音变成电讯信号，经传送后再在另一端还原为话音呢？

　　贝尔原是从英国移居到美国的大学教师。他和他的助手经过反复的研究和

▲ 电话给人们的生活带来了极大的便利。

试验，终于在 1876 年发明了最初级的电话。这种电话的体积大得吓人，像个大箱子，发话人必须大喊大叫，而且只能在小范围内通话。

这样的电话必须改进。这一任务由大发明家爱迪生承担起来了。他对贝尔的电话结构进行了大的改造，用碳粒接触来控制电流的强度。这样，电话机越来越小，声音也越来越清晰了。

电话的发明不是一个人劳动的结果，而是许许多多人的共同创造发明，贝尔和爱迪生是其中最有功劳的人。现在，随着激光电话和电视电话等的出现，电话越来越成为人类生活中十分方便的通信工具。

🔺 无线电话

摄影术是谁发明的

🔺 尼埃普斯制造的第一架照相机是一个不透光的木盒，在其前部有一个叫作可变光阑的活动装置。白蜡板插在盒子的后部，可变光阑打开后便拍摄影像。虽然它与现在的照相机相距甚远，但基本上仍是一个不透光的盒子。

第一张幸存下来的照片是法国人约瑟夫·尼塞福尔·尼埃普斯在 1826 年拍摄的。为了制作这张照片，尼埃普斯给一块白蜡板涂上了沥青。这块板先在照相机里曝光几分钟，然后用化学药品加以处理，使其表面慢慢地显现出影像。

19 世纪时，发明家们试图改进和简化摄影术。他们使曝光时间大大缩短，并且找到了使图像更清晰、更鲜明的化学药品，但照片仍在用金属或玻璃制成的重板上拍摄。这种情形由于美国人乔治·伊士曼的工作才出现了突破。

伊士曼想创作一个使用简便的小照相机。1883 年，他研制了"卷轴软片"，

▶ 正如伊士曼所希望的那样，"柯达"这一名字很快就得到了广泛的认可。"柯达"牌胶卷和照相机风靡全世界。

即一种叫赛璐珞的细长带，该软片上面涂抹了光敏化学药品。接着他在1888年生产出了一种新型照相机。他给它起名为"柯达"，这是一个他希望在任何语言中都可以立即辨认出来的名字。这是第一架真正使用方便的照相机。使用时仅仅需要将照相机对准拍摄的东西，让快门发出咔嗒声并且把胶片顺卷到下一张上。正如伊士曼所说的那样，"你只要按下按钮，剩下的事由我们来干。"

凯库勒是怎样发现苯环结构的

　　形象地思考事物，有利于创造性思维的发展。在人们进行创造性思维的过程中，往往会出现这样的情况：有时紧张地进行思维活动时一无所获，而在放松甚至梦境中，却能意外地获得成功。借助形象思维，进行创造发明的例子，在漫长的科学史上是并不鲜见的。

　　1858年，德国化学家凯库勒提出了碳原子在有机分子中相连成长链的碳链学说，开创了有机结构理论。但是，苯（běn）分子中6个碳原子的结构还是一个谜。为了揭开这个谜

（氢原子）

（碳原子）

🔺 苯环结构

底，凯库勒竭尽全力，然而却百思不得其解。

传说，一天傍晚，当他坐下写一本教科书时，头脑中还在思考这个问题。这时，他把椅子转向炉火打起瞌睡来，渐渐进入了梦乡。梦中发生了令人难以置信的奇迹，据凯库勒自己说，他"看见长长的碳链像一条条长蛇翩翩起舞。突然，有一条蛇咬住了自己的尾巴，构成了一个圆环形。"他由此得到启发，悟出了苯分子中的碳链是一个闭合的环。爆发的创造思维使凯库勒终于发现了苯环结构。

但是，形象思维中的"形象"，不是天上掉下来的，而是从对现实世界的感知中获得的。因此，要提高形象思维能力，就要关心周围的事物。实践告诉我们，对周围世界的事物形象掌握得越多，创造思维的借鉴和启示就越多。

牛仔服是牛仔最先发明的吗

1848 年在美国西部的一个小村庄里，有人在锄地时，发现了金子。消息传出后，立刻有许多美国人涌向西部，这些人带着狂热的淘金梦，在西部的矿区到处挖掘，渴望找到闪光的金

🔺 牛仔服特写

🔺 穿牛仔服的小男孩

● 穿牛仔裤的宝宝

子。同时，他们又在这里建立了许多大大小小的采金矿。这就是历史上有名的淘金热。

　　一个叫利维·斯特劳斯的美国人，也来到西部。利维·斯特劳斯是个贩卖帆布的商人，他觉得，那些挖矿的工人整天待在野外，肯定会需要帐篷的。于是他带着帆布来到了西部。

　　淘金是一项十分辛苦的体力活。据说，有一天，一个矿工对利维抱怨说："我身上穿的棉布工作服真不结实，没多久就磨破了。要是有耐穿的工作服该多方便呀！"这句话引起了利维的思索，他想：帆布比棉布结实。若用帆布做成工作服，很可能会受到工人的欢迎。

　　于是，利维立刻动手设计了一种裤子，这种裤子的裤腿、裤身都很贴身，裤线密而结实，而易磨损部位还钉有铜铆钉。1853 年，利维把这种帆布裤拿到市场上，金矿的工人们一见都说好，并很快将这些帆布裤抢购一空。

　　当时，在西部生活着许多牛仔。这些牛仔是牧场上的工人，他们一天中的大部分时间都骑在马背上，拢集和照料牛群，牛仔的工作非常艰苦，不管是晴天还是雨天，他们都要照顾牛群，防止牛被野兽吃掉，被盗贼偷走。

Ⓞ 知 识 链 接

牛仔的生活是怎样的？

　　事实上，牛仔们并不像电影中反映的那样带有强烈的英雄主义色彩。现实中的牛仔就是骑在马背上的农场工人，负责看管奶牛。他们在户外的时间一天长达12~14小时，工作既沉重又危险，报酬又低。一到冬天，大多数的牛仔都不得不再找其他的工作。当时美国西南部牧场经营业兴盛，牛仔就受雇在户外放养牛群。

金矿附近的牛仔见到矿工们穿的帆布裤，也很喜欢，就争相买来穿。牛仔们发现，骑马穿这种帆布裤，不仅威风凛凛，而且行动方便。于是，帆布裤很快就成了牛仔们最喜爱的服装。

利维·斯特劳斯见帆布裤大受欢迎，非常兴奋，马上集中资金，办起了一家专门从事制作帆布裤的公司。后来，这种结实、美观、耐用的裤子逐渐成了流行的工作服。

接着，又出现了帆布上衣，它也同样受到牛仔们的欢迎。由于人们对牛仔穿着帆布裤的威风形象记忆很深，所以人们就将牛仔裤和牛仔上衣统称为"牛仔服"了。

▲ 美国西部片中的牛仔

罐头是谁发明的

当我们出外郊游时，带些罐头是十分方便的，它可以省去许多麻烦。但你知道罐头是谁发明的吗？

1795年，拿破仑为战争中大量的食品供应问题悬赏征求贮存食品的好办法。一位叫阿佩尔的人潜心研究，14年后终于制出了罐头食品。他制罐头的方法是先把食品加热，随即放进玻璃瓶里，盖好盖，放

进沸水煮几小时，趁热密封好就行了。因为这样处理后，瓶子里是无菌又缺少空气的环境，食物就不容易变质，可以长时间保存了。后来为了方便携带，罐头才改用马口铁做罐头筒。

潜水衣是怎样发明的

为了揭开海底深处的奥秘，人们常潜入海中探察，这就必须借助于潜水衣。古希腊人就曾坐在玻璃桶里潜入水中，但这没有被证实。

17世纪欧洲人发明了吊钟式潜水器。人在"钟"内，直到空气用完才回到水面上。由于"钟"内所装空气有限，所以这种潜水方式无法持久。

直到19世纪，有人发明了带有氧气罩的潜水衣。氧气由船上的管子送进来，这样人在海底下就可以较自由地活动了。20世纪初，有人发明了随身携带的氧气筒，直到这时，一种能在海底自由活动的现代潜水衣才问世了。

◎ 潜水装备

◎ 潜水拍摄

伞的发明

　　伞是一种提供阴凉环境或遮蔽雨、雪的工具。构造大体是伞柄、伞骨、伞面三部分。中国是世界上最早发明雨伞的国家。据

🔺 雨伞

🔺 很多人认为，人们受荷叶的启发发明了伞。

传，大约 4000 年前，一个孩子头顶一片大荷叶，冒雨行走，雨珠从凸面的荷叶斜边上滚下来，这启发人们发明了伞。其实，关于伞的发明，民间有种种传说。流传较广而又有文字记载的还是那位神通广大的"鲁班先师"。

　　鲁班技艺高超，总到各处去做活，妻子云氏给他送饭。

🔺 跳伞运动员的跳伞造型

⬤ 传统伞　　　　　　　⬤ 遮阳伞

夏季雨水多，路上亭台数量有限，云氏总是被雨淋得浑身湿透。一日，云氏突发奇想，"要是随身有个小亭子就好了"。鲁班听了妻子的话，茅塞顿开，马上依照亭子的样子，裁了一块布，安上活动骨架，装上把儿。于是世界上第一把"伞"就这样问世了。也有说法坚持伞是鲁班妻子发明的。

唐朝时，中国将制伞工艺传到日本，后来又传到其他国家。

降落伞是谁发明的

降落伞是近代才正式发明并开始广泛使用的，然而它的产生却经历了一个漫长的历史时期，它是无数人辛勤努力的智慧结晶。

早在 1483 年，达芬奇就曾经画过降落伞的设计图。

△ 降落伞

第一个成功地使用降落伞的人是法国的加纳林。1797年，他在巴黎使用自己研制的降落伞，成功地进行了1000米高空气球跳伞的公开表演。

19世纪70年代，法国人白朗沙尔飞行试验的气球突然破裂，一块蒙着气球的布幔使他死里逃生。后来他投入到研究降落伞的试验中，并完成了人类第一次高空跳伞试验。

△ 跳伞运动

1911年，出现了适于飞行人员的降落伞。几年后降落伞开始装备给空勤人员。

计算机是怎样发明的

19世纪时，英国发明家查尔斯·巴贝奇曾得到洛夫莱斯伯爵夫人艾达（亦以艾达·奥古斯塔而出名）的协助，设计了一部巨大的机械"计算发动机"。它满是控制杆和嵌齿轮。有些人把这部机器看做第一台计算机。

真正意义上的计算机是约翰·莫奇利与约翰·埃克特领导的一群美国科学家研制出来的。

△ 1981年，辛克莱ZX81型电脑作为第一代家用电脑投入世界市场。

他们在 1946 年建造出了该计算机，并给它取名为"ENIAC"（即电子数值积分计算机）。它远远不同于如今强有力的台式机。它的重量达到 30 吨，体积有几间房子大，可是仅能存储少量的数字和字母。

🔺 第一台计算机非常难用而且体积庞大，而现在计算机被设计得不仅操作简单，体积上也小了许多。这台笔记本电脑就只有一个公文包大小，非常便于随身携带。

ENIAC 的极小存储量意味着它很难使用。另外它还非常不可靠，因为它装有约 1.8 万个电子管。这些电子管很容易过热，并且需要经常更换，但那是一个开端。ENIAC 能在 0.2 毫秒内算出两数之和，这意味着它 1 天能做的计算相当于人类一个数学家花 1 年时间所做的。

后来计算机的发展是从使它用起来更为方便着手的，人们在计算机中存入了"程序"，或者说发布一系列让计算机做什么的指令；寻找到了增加计算机存储量的途径；加

🔺 苹果电脑发明者——乔布斯（左）

上了诸如键盘这样的器械，这样使计算机所需数据的输入变得更为容易。

计算机发展的突飞猛进是与晶体管在1947年发明出来分不开的。这项发明为电子管提供了较小的替代物，它体积小，成本低，速度快，不容易坏，是非常理想的材料。很快，计算机变得体积越来越小，速度越来越快，性能越来越好，价格越来越低，进入了千家万户。

谁发明了晶体管

在20世纪50年代前的电子装置是笨重且不可靠的。计算机有着大房间般的体积，电视机是带有极小屏幕的特大型家具。之所以这样，主要原因在于它们布满了许多叫做"电子管"的器件。

这些器件都是真空管，是用来放大电流或切断和接通电流的。计算机需要几千个这类器件，无线电接收机也要一大堆这类器件。另外，电子管还会变热。

因此，像收音机和电视机这样的装置，就必须有足够的空间来使机柜内的空气流通。电子管的最后一个问题就是它们寿命短，像电灯泡一样需要定期更换。

1947年，在美国贝尔实验室工作的约翰·巴丁、沃尔特·布拉顿和威廉·肖克利等几位科学家提供了一种替换物——晶体管。晶体管既小又可靠，并且不会变热。它们是一种结构单一的器件，是用诸如硅这类半导体材料层做成的，电流可以从中间单

● 现在的晶体管做得非常小，肉眼一般看不见。在这个极小的集成电路上，有45万个晶体管。

向通过。

晶体管是高效能的电流放大器，是电视机、高保真音响设备组件、助听器、无线电通信设备这类装置以及其他需要更强信号的器械的理想器件。它们也可以用作转换开关，从而在几千个转换开关组成的计算机中具有了实用性。今天晶体管可以制成数以千计的可靠的电子用品，在每个家庭和其他各种场合里都能见到。

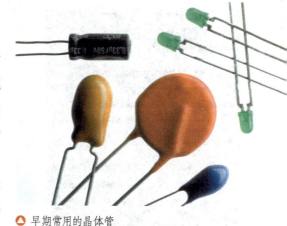

🔺 早期常用的晶体管

如今可以制造出相当微小的晶体管，镶在 1 平方厘米芯片上的晶体管有 8 亿多个。它们使耳内戴的助听器、个人立体声系统和其他许多小型现代器械成为可能。

🔺 光盘

什么是光盘

提起 CD、VCD、DVD，大家都已不会太陌生，因为现在家庭使用的高级视听设备都离不开它们。它们有个统一的称呼叫光盘。光盘是 20 世纪 70 年代由荷兰菲拉普公司和日本索尼公司合作开发研制的先进信息存储技术。它由盘基、存储介质和保护层组成。光盘在记录信息时，先把声音和图像信号转换成激光信号，进行调制后聚焦到光盘上，使光盘产生一连串具有新特征的小区域。比如形成一圈圈由微小凹坑组成的纹迹，这些

凹坑就代表声像信号。要提取这些信息时，聚焦的激光束照在光盘上，机器通过读取反射的激光信号，经过解调后就能还原出高保真的声音和图像了。

光盘最大的优点是存储信息的数字化、高密度和非接触的读取信息方式。例

◀ 激光唱片光闪闪的表面实际上是由几十亿个细微的凹陷组成的。它以数字代码的形式传送音乐。

激光唱片能够用来贮存各种信息和声音。影碟能够贮存和再现画面和影片，而得到计算机帮助、运转自如的光盘只读存储器（CD-ROM）可以包容所有范围的信息，从字词、音乐一直到画面和活动的电视连续镜头。

如激光唱片上刻有许多不到 1 微米宽的坑纹，70 条这样宽的坑纹也只有头发丝那么粗，这样就大大提高了光盘存储信息的密度。只要几张巴掌大的光盘就可以把几十卷的百科全书装进去。数字化的信息存取方式使得信息还原非常清晰。例如激光唱片的音质要比普通唱片或磁带好得多。由于光盘上的信息是用激光头非接触性地读取，所以光盘保存信息的寿命可以比磁带、磁盘或普通唱片的长得多。

光盘技术的发展极为迅速。目前正在研制的最先进的光盘可以像普通磁盘一样随意进行各种信息的擦写。预计这种光盘不久将代替磁盘而成为计算机大容量、高质量的外存系统。

◢ 人们通常购买一台激光唱机作为整套音响设备的组成部分，从而能够播放各个不同来源的音乐。这个系统（从上到下）包含了激光唱机、双盒式磁带走带机构、无线电广播调谐器和放大器。

谁发现了血液循环

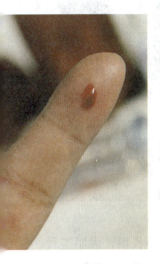

公元 2 世纪，古罗马的著名医生盖仑认为血液的流动是以肝脏为中心的。他说，血液在肝脏里形成，贮存在静脉中，一部分流到各个器官，一部分流到右心室，再通过心脏中的膈流到左心室，变成动脉血分配到全身各部，逐渐被身体所吸收。他还认为这一切都是上帝有意安排的。

1000 多年以来，盖仑的这些论点被奉为神圣不可侵犯的经典。

时光流逝到 16 世纪中叶，比利时的维萨里和西班牙的塞尔维特在解剖动物的心脏中，发现心脏中膈很厚实，血液根本透不过去，右心室的血液是经肺部流到左心室

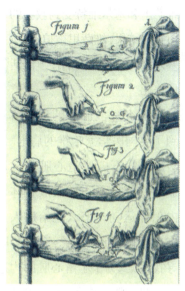

⬤ 哈维的实验说明，血液在静脉只能呈单向流动。静脉内血液正常流动的方向是由手流向手臂。

知识链接

哈维的发现

哈维发现心脏有左、右两个泵。全身的血液经静脉流向心脏的右边，再泵至肺部并在那里吸收氧气；然后回到心脏的左边，并通过动脉泵至全身。心脏内部的瓣膜确保血液沿正确的路线流动。

的，推翻了盖仑心脏中膈有筛孔的论点。科学冲击了神权。维萨里和塞尔维特受到教会的迫害。结果，维萨里被迫逃亡，塞尔维特被绑在火刑柱上活活地烧死。

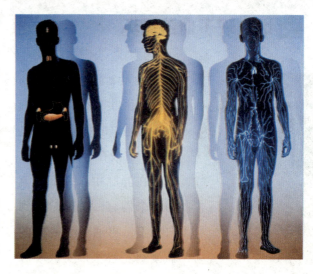

　　研究血液循环的重任落到了英国医学家哈维的肩上。哈维想，不搞清楚心脏的构造与功能，不知道血液在体内怎样运动，怎么能给病人作出正确的诊断呢？治病又以什么为依据呢？于是，他毫不畏惧，大胆实践，寻找答案。为了了解心脏的构造和血液的运动，哈维花费10多年时间，用青蛙、鱼、蛇、鸡、鸭、狗等80多种动物，进行了大量的解剖实验。最后，他确认血液流动是循环式的，流向只能从动脉流入静脉，再流回心脏，而心脏的跳动就是循环的动力。哈维用解剖刀揭示了血液循环的机理，打开了近代生物学研究的大门。

谁发明了输血术

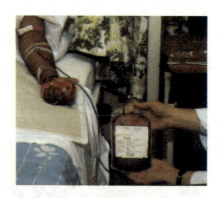

▲ 新法输血
成人大概有6升血液，失掉四分之一的血液可能还没有生命危险，但失血超过四分之一，肯定需要输血。

　　世界上第一次成功的输血大约是在1665年进行的。当时，约翰·威尔金斯用一支羽毛管和一个膀胱取出一只狗的血，输进另一只狗的静脉内。两年之后，法国医生让·德尼进行了第一次医用输血。他把羊的血液输进一个15岁男孩的静脉内，男孩得救了。但这样输血太危险，很少有

人敢这样做。直到 19 世纪，医生约翰·利科克重新对用输血治疗产生兴趣。他认为，在两个同种动物之间输血是安全的。他用一个注射器抽出他助手们的血液，输进他知道将要死去的病人体内。1829 年，他成功地把助手的血液输给一位因产后大出血的妇女。这位妇女得救了。

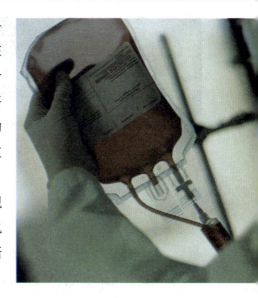

然而，当进行更多例的输血后，问题出现了。有时输入的血液可成功地混合，但有时也会凝结起来。这个难题后来被研究血型的杨斯基和卡尔·兰德施泰纳解决了。

知识链接

输血有害健康吗？

一个健康的人，按规定适量献血，不仅不会"伤元气"，反而会有利于健康。献血后，由于造血功能加强，失去的血细胞会很快得到补充。坚持长期献血的人，尤其是单献红细胞、血小板等成分血，会使血黏稠度降低，血液流速加快，预防和降低中风、心肌梗塞等心脑血管病的发生。

谁揭开了血型的秘密

血型的发现过程经历了相当漫长的一段时间。很久以前，科技还不很发达，人类对于很多科学的认识水平还极其有限。尽管人们已经认识到血液的重要性，但却不知道血液还存在型别之分。因此，曾发生许多因输错血而致死的悲剧。直到 1920 年，血型的奥秘才被奥地利一位名叫德斯坦纳的病理学家揭开。这一划时代的发现为以后安全输血提供了重要保证，为此，他获得了 1930 年的诺贝

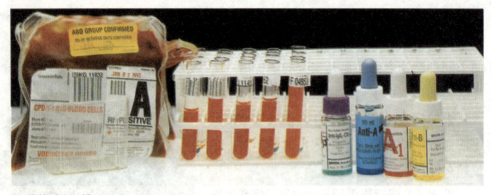

🔺 待检测的血样

尔奖，并赢得了"血型之父"的美誉。临床输血从此步入科学的轨道，人类的血液真正发挥出救护生命的巨大作用！

开始时，德斯坦纳也只是发现了人类红细胞血型 A、B、C 三型。1902 年他的学生又发现了 A、B、C 之外的第 4 型。后来国际联盟卫生保健委员会将这 4 型正式命名为 A、B、O、AB 型，这就是我们常说的红细胞 ABO 血型系统。在以后的数十年里，科学家又相继发现了几种血型。其中包括 MN 血型系统、P 血型系统、Rh 血型系统、HLA 血型系统等二十多个血型系统。

在所有血型中，ABO 血型系统是最为常见的。这其中又以 O 型最为特殊。我们知道，在血型不合的人之间进行输血，会引起血液凝集反应，导致身体里的血不能循环，也不能提供给人体氧和营养物质，人就会死亡。而 O 型血的红

细胞内不含任何可导致凝集反应的凝集原，因而可以输给随便哪一个人，所以它有"万能血"的称号。

谁发明了听诊器

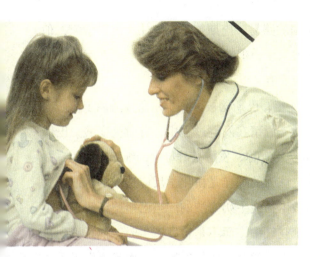

200多年前，法国有一位名叫雷奈·利奈克斯的青年医生正在为挽救一个心脏病患者伤透脑筋，因为这个妇女很胖，当时又没有听诊器，根本听不清心脏的跳动情况。

🔺 听诊器这个词意味着"我在检查你的胸部"。早期的听诊器使用很不方便，而且只能靠一只耳朵来听诊，现在的听诊器用两只耳朵听，质量也大有提高。

有一天，他领着小女儿在公园里玩，看到一群孩子在做游戏，一个孩子在跷跷板的一头用钉子敲打，另一端的孩子把耳朵贴在板上倾听，"听见了！听见了！"孩子们喊叫着。利奈克斯走上前去，学着孩子们的姿势，跪下一条腿，

把耳朵贴在木头上。果然，一阵清脆的敲打声传入耳中。为什么几米长的木头会把声音清晰地传过来呢？整天为"听不见"而苦恼的利奈克斯突然受到启发，从而成功地进行了一次创造性的思维。

后来，利奈克斯在一根细长的用杉木制成的空心直管的两端各安一个喇叭形的听筒，一头贴在病人的胸部，另一头贴在自己的耳朵里。经过反复

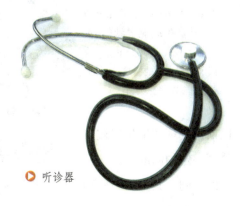

▶ 听诊器

试验，他终于听到了病人心脏跳动的声音。利奈克斯高兴极了，把它称为"胸部检查器"——这就是世界上最早的听诊器。

谁发现了细菌

法国的路易·巴斯德是一位伟大的科学家，他虽然不是医生，但是他发现的细菌学说在医学上具有巨大的价值。

1854年，巴斯德被派到里尔研究酿酒工业所遇到的问题。酒精在发酵过程中，有时会变酸。巴斯德于1857年宣称，发酵是酵母中的细菌造成的，并不是原先认为的那样是由化学反应造成的。他还发现，是微生物使牛奶变酸的。当巴斯德证明了微生物存在于空气中，而不是自发产生时，他意识到自己不仅发现了发酵和腐烂的原因，而且也发现了一种新的病因。牛奶中含有引起结核和伤寒的微生物。

🔺 巴斯德在他的实验室里发明了巴氏消毒法。他发现当温度升高到62℃达30分钟，或瞬间加热到更高的温度不到1分钟，就可以杀死细菌。

巴斯德发现如果牛奶被加热到一定的温度并持续一定的时间，其中的微生物

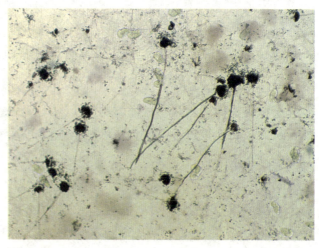

🔺 显微镜下的长尾细菌

就会全被杀死。这个过程被称为"巴氏消毒法"，在今天这种方法仍然被用于牛奶的消毒和食物罐装前的处理。巴斯德证明了是细菌引起了疾病，但分离出引起炭疽、结核、霍乱等疾病专属细菌的却是德国医生罗伯特·科赫。巴斯德用科赫的研究方法成功地研制出了炭疽疫苗。

巴斯德致力于传染病及其他病毒的研究，并揭示出细菌、病毒等微生物是导致人类疾病和死亡的主要原因。为了预防狂犬病，他还研制出了狂犬病疫苗。巴斯德对微生物的研究，奠定了近代微生物学的基础，被后人誉为"细菌斗士"。

谁发明了天花疫苗

▲ 琴纳在给儿童注射天花疫苗

以前，天花一直是危害人类健康的最严重的疾病。16 世纪墨西哥约有 350 万人死于天花。但是现代人却不怕天花，因为 18 世纪末英国医生琴纳发明了征服天花的有力武器——"牛痘"。

琴纳 13 岁学医，26 岁起一边在家乡行医，一边研究治疗天花的方法。琴纳知道，中国人在 12 世纪已发明了在人的鼻孔里种牛痘来预防天花的方法，但这种方法不安全，轻的留下大块疤痕，重的会死去。琴纳决心寻找前人没有过的更有效、更安全的方法。琴纳从挤奶工人很少患天花的现象中得到启发。他仔细观察，认真思考，大胆设想，寻找其中的奥妙。1765 年 5 月的一天，琴纳从一位挤奶姑娘的手上取出微量牛痘疫苗，接种到一个男孩的手臂上。不久种痘地方长出痘疱，接着痘疱结痂、脱落。一

个月后，琴纳在这男孩臂上再接种人类天花痘浆，竟没有出现任何天花症状。琴纳兴奋不已，因为这个男孩具有抵抗天花的免疫力了。琴纳的试验成功了，人类从此获得了抵御天花的有效武器——"牛痘"。

谁发现了维生素

维生素是维持人体正常代谢的基本物质。但长期以来，人们对它却认识不清。1753年，苏格兰海军医生詹姆斯·林德发现膳食中缺乏水果，会使人患上坏血病，其实这种病正是缺乏维生素C所致。

🔺 维生素C的晶体结构

维生素一词首先被波兰化学家加西米尔·丰克所使用。他把"维持生命所必需的胺"的缩写作为它的名字。丰克错误地认为所有的维生素都是氨的化合物，但他却证明了诸如脚气病、糙皮病、佝偻病等都是因缺乏某种维生素而引起的。

1906年，英国人霍普金斯为了证实人类和动物缺乏某种"食物附加因子"会导致某些疾病开始用两组年幼的大鼠做实验。他给每一组喂由酪蛋白、猪油、淀粉、糖和食盐组成的人工膳食。当时人们认

🔺 富含维生素的鱼肝油

为这种膳食含有保持健康和生长所必需的成分。其中一组还给一点牛奶，它们都正常地生长。然而另一组却没有生长。霍普金斯总结到：人在成长过程中，"作用惊人的微量"特殊物质是人体成功地利用蛋白质和能量维持人体生长所必需的。

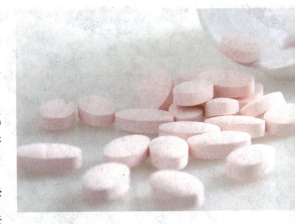

▲ 维生素片

霍普金斯本人进行了一次次尝试，精神上几乎崩溃，还是没有办法分离出这种特殊的物质。许多年后，经过几位不同学科科学家的研究，制出了维生素 A、维生素 B、维生素 C 等几种人工合成维生素。不过霍普金斯因参与维生素的发现工作，而荣获了 1929 年度的诺贝尔生理学或医学奖。

维生素的作用

维生素是生物体中需要量不大，但却绝对不可缺少的物质。对人体来说也是这样，一旦缺乏某种维生素，就会引起某些疾病。维生素的种类很多，目前已经发现的有 20 多种，归纳起来可以分为两大类：能溶解在脂肪中的脂溶性维生素和能溶解在水里的水溶性维生素。比较熟悉的有维生素 A、B、C、D、K 等等。人体必需的维生素中，维生素 C 是需要量最大的一种，成人每天大约需要 60 毫克。有的人一刷牙牙床就出血，一咬苹果或者馒头上面就留下血印，这就是缺少维生素 C 造成的。维生素 C 有保护毛细血管，增强身

▲ 富含维生素的食品

体抵抗力的作用。缺少维生素 C 的人，要多吃新鲜蔬菜和水果，它们含有丰富的维生素 C。维生素 A 有增进视力的功能，可以帮助眼睛在微弱的光线中看清物体，缺少维生素 A 会得夜盲症。多吃胡萝卜对增进视力大有帮助，因为胡萝卜中的胡萝卜素在人体内会转变成维生素 A。B 族维生素有 B_1、B_2、B_6、B_{12} 等，它们各有各的作用。如维

🔶 新鲜的水果和蔬菜是维生素的最佳来源，在平衡膳食中起着非常重要的作用。可是，罐装、腌制和烧煮过度都会破坏食物中的维生素。

生素 B_2 又叫核黄素，成人每天需要 1 毫克 ~ 2 毫克，缺少了它会引起口角炎、舌炎、眼结膜炎、伤口难愈合等症。多吃牛奶、蛋黄、花生、黄豆等食品能补充维生素 B_2。维生素 D 能调节骨骼的正常钙化，还能促进小肠对钙和磷的吸收；缺少维生素 D，会得佝偻病。维生素 K 有协助凝血酶加速血液凝固的作用。

谁发明了安全疫苗

我们已经知道，法国科学家巴斯德证明了许多疾病是由细菌引起的，其他科学家也已识别出了许多专属的细菌，但有待解决的问题是如何才能控制住疾病的发生。

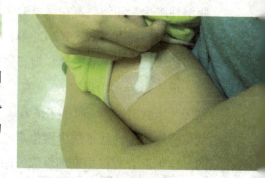

1798 年，英国人琴纳研制出了一种防治天花的安全疫苗，而巴斯德却利用疾病本身研制出多种安全疫苗。

1879 年，巴斯德幸运地发现给鸡注射了旧的霍乱培养物后，它们并不会发病；当给它们再注射新的培养物后，它们仍然没有发病。他用各种不同的方法，研制了细菌的低毒培养物。

后来在 1881 年，巴斯德给 24 只绵羊、1 只山羊和 6 头奶牛注射了炭疽杆菌的低毒培养物。两周后，他给这组动物及另一组未免疫的动物注射了全量的炭疽杆菌。两天后，所有未免疫的动物都死了，但免疫过的动物都活

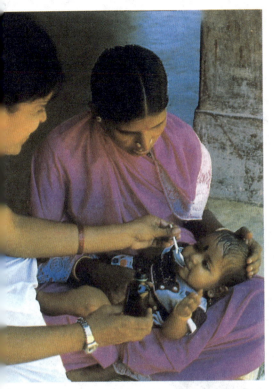

⬤ 疫苗常由少量的病菌制成。如今我们能够接种多种疾病的疫苗，如白喉、破伤风、麻疹、流行性腮腺炎及脊髓灰质炎疫苗。

着。巴斯德继续研制了预防其他动物疾病的疫苗。

巴斯德最引人注目的成果，是发明了一种治疗狂犬病的方法。在此之前，任何人被感染狂犬病的动物咬伤，都会死于这种疾病。他用这一方法给一个被患有狂犬病的狗咬伤的 9 岁男孩治疗。从此以后，病人便纷纷拥向巴斯德的诊所求医。

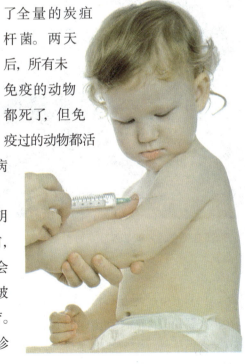

⬤ 小孩接受疫苗注射

135

谁发明了 B 超

　　B 超是超声波技术在医学上的伟大应用。我们知道，超声波是一种在舰船上使用的、用来探测潜艇或其他水下物体的技术。人们已经知道，声呐所利用的声波的频率非常高，不能被人耳听见，但在液体中的穿透性却很好。当声波遇到物体时，反射回来的声波可以被转换为电信号，据此可以制出物体的图像。美国科学家伊恩·唐纳德起初用超声来检测胃部的肿瘤。但到了 1957 年，他用超声来检查未出生的胎儿。他用超声扫描仪在孕妇的腹部滑动，能看到胎儿的形态。X 射线也能做这样的工作，但医生已经知道 X 射线会导致儿童患癌症。唐纳德担心超声波或许也有类似的作用，但他的担心至今并没有得到证实。

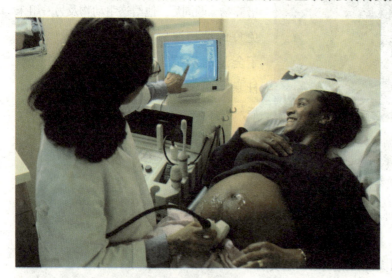

　　今天，超声扫描用于胚胎发育情况的常规检查。计算机被用来将音频信号转换为可视图像。图像的质量非常好，甚至连微小的异常都能被测出来。胎儿在受孕后的第 13 周已经

🔺 通过 B 超检查，可以了解胎儿的生长发育状况，也可以发现胎儿的一些先天性疾病。

成形，但只有 6 厘米左右长。再过 10 周，如果胎儿此时出生已有可能存活，但只能在早产婴儿保育箱内生活。再过 15 周（第 38 周时），胎儿已经长得更大、更强壮，随时等待出生。

谁发明了CT

1979 年瑞典科学院授予美国科学家柯马克和英国科学家洪斯菲德诺贝尔生理学或医学奖，以表彰他们在研制现代"照妖镜"——CT 中的功绩。

CT 的全称是"电子计算机控制的 X 射线层面扫描机"。它是一种能迅速、准确、早期诊断疾病的机器。经过多年的研究，柯马克和洪斯菲德不约而同地发现人体各部分组织对 X 射线吸收程度各不相同，而病变组织，如癌组织和正常组织对 X 射线的吸收差别更大。在用 X 射线对人体进行扫描时，同时用电子计算机分层计算 X 射线的吸收程度，有癌症等的病变组织就很容易被检查出来。CT 机可围绕人体作 360° 的连续扫描，把人体需检查的部位分成数以千计的点，通过 X 射线显像机，人体中小至几毫米的患病部位都

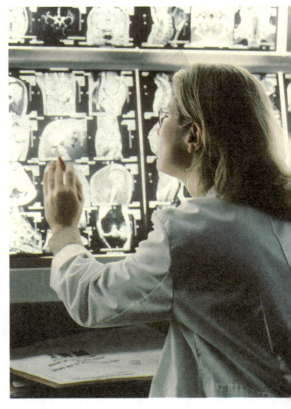

● 医生在做CT检查

能清晰地显示出来。人体的脑、心、肾等器官即使有一点病变迹象，也逃不过 CT 机的"火眼金睛"。X 射线摄下的照片能诊断出形形色色的疾病，甚至还能判断出肿瘤是良性的还是恶性的。

CT 机自 1971 年问世以来，经科学家们不断的改进，它的功能不断提高。检查的时间缩短到几分钟，分辨能力也大大地提高。现在 CT 机已成为医生的得力助手，借助它可以早期诊断患者的疾病，及时进行治疗，有效地保护人类的健康。

谁制造出了试管婴儿

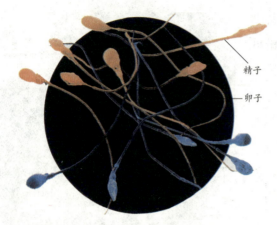

精子

卵子

🔴 父亲的精子被直接注入母亲的卵子中去，这个体外受精过程能够帮助某些不能生育的夫妇得到孩子。

我们知道，为了生育孩子，必须实现父亲精子和母亲卵子的结合。一个育龄妇女，从卵巢释放的卵子沿输卵管进入子宫。在那里它遇到大量精子的攻击，只有当其中一个精子成功地进入卵子才会孕育出新的生命。如果女性的输卵管阻塞，就无法受孕。很多夫妻都是因为这种原因不能生孩子。医学家一直试图解决这道难题，这方面，英国一直走在世界前列。

1969 年，帕特里克·斯特普托和罗伯特·爱德华兹从一位病人的卵巢中取出了一些卵子，并将它们和她丈夫的精子一起进行培养。经过近 10 年的研究，斯特普托才取得了成功。他把卵子和精子放在同一个培养皿中培养了几天，确保卵子已受孕，然后把受精卵放入母亲的子宫内，使它正常地发育。1978 年，刘易斯·布朗——第一个体外受精

🔺 生命的礼物

所有的人都遗传父母的DNA。父亲的DNA由他的精子携带，母亲的则在她的卵子里。通过体外受精（IVF），父亲的精子被植入母亲的卵子里，组成一个新的细胞，这个细胞将生长发育成为一个婴儿。

的婴儿出生了。从那以后，许多夫妇用斯特普托的方法生下了自己的孩子。

体外受精是用来帮助那些因各种原因不能受精的人的。如果父亲不能提供精子，可以从精子库中取出精子来替代。因为成功的概率仍然很小，通常需要将多个受精卵放入母亲的子宫内。

锯子是谁发明的

当我们今天用锯子很容易地砍伐木材时，你能想到锯子和小草之间有联系吗？你知道世界上第一把锯子是依照小草的样子制成的吗？

春秋战国时，有一个很聪明的人叫公输班。有一次，他和徒弟带着斧子去山上砍树。用斧子砍树又累又慢，砍了好多天也没砍下多少。

有一天上山时，因为路不好走，公输班用手拉了一下路边的小草，可是没想到手被划得鲜血直流。为什么小草这么厉害呢？原来小草的叶子边缘有许多又密又锋

▲ 木匠崇拜的祖师——鲁班

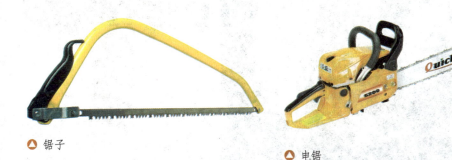

▲ 锯子

▲ 电锯

利的小细齿。于是他又试着划了一下，果然又是一道小口子，聪明的公输班马上想："如果把铁条制成有小细齿的样子，不就很容易地砍下树了吗？"于是他让铁匠造了许多这种铁条，在树上来回拉，很快就伐了许多木材。瞧，锯子就是这样发明的。

中国丝绸为什么享誉世界

我国的丝绸已有2000多年的历史了。不但品种繁多，而且色泽艳丽、质地优良，以锦、纱、罗、绫、缎、绸和缂丝著称世界。缂丝是我国特有的丝织工艺品。唐宋时代，就在缂丝织品上织出山水亭阁、鱼草花鸟，真是绚丽多彩、精美绝伦，展示了中华民族的聪明才智！

秦和西汉时代，我国的丝织技术传入日本。汉代张骞开

△ 汉代的素纱禅衣

辟了丝绸之路，中国的丝绸运到西方，令那里的人羡慕不已，常常把中国丝绸的色丝拆下来，加织到他们的织物里。他们不断地派人来中国学习丝织技术，也常请中国人去传授经验。古老的丝绸之路，使古老的中国走向世界；使世界认识和了解了中国。中国对世界纺织业的发展作出了很大的贡献。

▲ 躺在丝绸上的婴儿

⏻ 知 识 链 接

丝绸之路

　　丝绸之路是指西汉时期，由张骞出使西域而开辟出的一条横贯欧亚大陆的贸易交通线，通过这条贯穿亚欧的大道，中国的丝、绸、绫、缎、绢等丝制品，源源不断地运向中亚和欧洲，而在各种进行贸易的货物中，以丝绸最具代表性，因而得名"丝绸之路"。

　　丝绸之路不仅是古代亚欧互通有无的商贸大道，还是促进亚欧各国和中国的友好往来、沟通东西方文化的友谊之路。除此以外，历史上一些著名人物的故事都与这条路有关，如出使西域的张骞，投笔从戎的班超，西天取经的玄奘等。

⧗ 创造世界上第一架自动天文仪器的人

　　在西方的天文学家哥白尼、开普勒、伽利略之前1000多年，我国诞生了一位伟大的天文学家张衡。他是今河南省南阳人。十多岁时就读了很多书，文章写得很出色。34岁那年，皇帝派人召他到京城里去做郎中，他借此机会看到许多不常见的书。其中读了一本扬雄写的《太玄经》，对天文和数学发生了

地动仪模型

浓厚的兴趣。后来他又被调任太史令，主管观察天象的工作，对我国天文学的发展作出了巨大的贡献。

张衡经常观察日月星辰，探索它们在天空里运行的规律。他根据这个规律，解释了冬天日短夜长、夏天日长夜短的道理。他说天好像鸡蛋壳，包在地的外面，地好像鸡蛋黄，在天的中间。这种假设叫做浑天说。

张衡根据他的浑天说，创造了世界上第一架自动的天文仪器——流水转动的浑天仪。据说，人坐在屋子里看着仪器，就可知道哪颗星正从东方升起，哪颗星已经到了中天，哪颗星就要落下西方去。

太史令除了观察天象，还要记录各种灾象。为了记录地震，张衡又创造了世界上第一架测定地震方向的仪器——地动仪。地动仪用精铜铸成，外形像带盖的凸肚大茶杯。"凸肚"的外表面铸着八条垂直向下的龙，龙头分别对准八个不同方向，口里还含着小铜丸。对着龙嘴的地上蹲着八个铜蟾蜍，仰着头，张着嘴。当地球上哪个方向发生地震，就会触动相应方向的龙头，吐出小铜丸，掉进铜蟾蜍的嘴里，这样就能自动预报地震发生的方向。

这是世界上最早的地震仪，是我国汉朝科学家张衡在公元 132 年制造出

张衡

142

来的，比欧洲人整整早了1700年！
可惜张衡造的地动仪失传了，现存
中国历史博物馆的地动仪，是根据
古书的记载仿制出来的模型。

　　张衡还创造了世界上第一架
观测气象的仪器——候风地动仪，
又叫相风铜鸟。

　　人们非常尊敬这位1800多年前
的大科学家。郭沫若曾赞颂张衡说：
"如此全面发展之人物，在世界史上
亦所罕见。"

造纸术的发明

▲ 蔡伦像

　　1957年5月，在陕西西安市郊灞桥发现了一座古代
墓葬。在清理文物中，发现有一些米黄色的古纸，最大
的差不多有10厘米见方。纸上面有明显的被麻布压成的
布纹。经考古工作者
分析研究，断定它不
会晚于西汉武帝，离
现在已有2100多年了。
因在灞桥发掘出土，
故名灞桥纸。

　　1965年，我国有
关单位对灞桥纸进行
了反复检验，确定造
纸的主要原料是大麻

▲ 西汉苎麻纸

纤维，但也混有少量的苎麻。灞桥纸是世界上现存的最早的植物纤维纸。过去，历史书都说纸是东汉蔡伦发明的，灞桥纸的发现，说明早在西汉时代，我国劳动人民已经发明用植物纤维造纸了。

△ 蔡伦用树皮、破布等作为造纸原料。

我国虽然在西汉时代就有了植物纤维纸，但是，那时候麻缕也跟丝绵一样，是用来做衣服的，不可能大量用在造纸上。同时，麻缕制的纸又厚又糙，很不适宜写字。东汉时，蔡伦看到大家写字很不方便，竹简和木简太笨重，丝帛太贵，丝绵纸不可能大量生产，于是，他就研究改进造纸的方法。他提出用树皮、破布、破渔网来做原料。这些原料来源广泛，价钱便宜，有的还是废物利用，因此可以大量生产。后代人用木浆造纸，就是受到蔡伦用树皮造纸的启发。

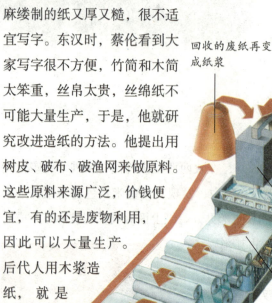

回收的废纸再变成纸浆

去掉树皮

切成木屑

加入水及化学物，木屑被制成纸浆

纸浆被捶打分解成纤维，这样它们会很容易缠结在一起

对纸浆进行清洁和漂白，使其变白

纸浆放在网带上控干水分

加热滚筒使纸变干，纤维被紧紧压在一起形成平面

制成的纸绕在卷筒上

△ 今日造纸

在现代化的造纸机里，木屑与腐蚀性的苏打或其他化学物一起煮沸，使木屑变得柔软，并把所有不要的东西都清除掉，只留下长长的线状纤维。再把纤维摊在传送带上吹风，然后在滚筒间挤压成干纸。

蔡伦改进造纸方法成功，是人类文明史上一件大事。从此，纸才有可能大量生产，为书籍的大量印刷创造了物质条件。

谁发明了印刷术

古人在印刷

在雕版印刷书籍以前，社会上已经广泛应用印章和拓碑。我们祖先就是在拓碑和印章这两种方法的启发下，发明了雕版印刷术。

当时雕版印刷术的方法是这样的：把木材锯成一块块木板，把要印的字写在薄纸上，反贴在木板上，再根据每个字的笔画，用刀一笔一笔雕刻，刻成阳文（凸出为阳文，凹进为阴文），使每个字的笔画突出在木板上。印书的时候，先用刷子蘸上墨，在雕好的板上刷一下，接着用白纸复在板上，另外拿一把干净的刷子在纸背上轻轻地刷一下，把纸拿下来，一页书就印好了。因这种印刷方法是在木板上刻好字再印的，故称为"雕版印刷"。

现在保存下来的我国最早的雕版印刷书籍是公元 868 年刻印的《金刚经》。

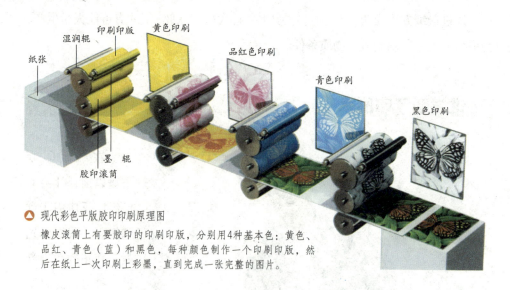

现代彩色平版胶印印刷原理图

橡皮滚筒上有要胶印的印刷印版，分别用4种基本色：黄色、品红、青色（蓝）和黑色，每种颜色制作一个印刷印版，然后在纸上一次印刷上彩墨，直到完成一张完整的图片。

这也是世界上现存最早的雕版印刷书籍。北宋庆历年间（1041年—1048年），我国的毕昇发明了活字印刷术，它的技术与现代印刷术基本一致，比德国人谷登堡发明活字印刷术早400年。但遗憾的是毕昇的活字印刷术近代以前在我国并未得到普及。

祖冲之最卓越的成就是什么

祖冲之出生在公元429年，是个伟大的数学家、天文学家和物理学家。他有许多卓越的成就，其中之一就是对圆周率的计算。

圆周率就是圆周长度和直径长度的比。这是一个无限的不循环小数，也就是说它是个没完没了的小数，各位数字的变化没有规律。通常在计算的时候，我们把圆周率定为3.1416，这个数字实际上比圆周率稍微大一点。祖冲之在1500年

祖冲之

以前就确定，圆周率在 3.1415926 和 3.1415927 之间，比 3.1416 精确得多。在他之后 100 年，阿拉伯有个数学家才打破这个精确的纪录。

计算圆周率是一件很不容易的事。祖冲之从圆的内接正六边形开始，先算内接正 12 边形的边长，再算内接正 24 边形的边长，再算内接正 48 边形的边长……边数一倍又一倍地增加，一共要翻 11 番，直到算出了内接正 12288 边形的边长，才能得到这样精密的圆周率。

内接正多边形的边数翻 11 番，看似简单，其实不然，至少要进行 7 次运算。其中除了加和减，有 12 位小数的乘方，尤其是开方，运算起来极其麻烦。祖冲之要是没有熟练的技巧和坚强的毅力，是无法完成这上百次的繁难复杂的运算的。

为什么针灸有神奇的疗效

针灸治病，是古代中国的一大发现。针灸疗法可治疗和预防多种疾病，治疗效果既快又显著，操作简便，经济实惠。

针灸为什么会治病？现代科学家还无法回答，只能用中国古代医学的经络学说来解释。经络学认为，经络遍于人体各个部位，担负着运送全身气血、沟

知识链接

穴 位

穴位是人体脏腑经络之气输注于体表的部位，是针灸治疗疾病的刺激点与反应点。武侠片中的"点穴"点的就是穴位，又名腧穴。它有沟通表里的作用，身体内部的疾病可以通过体表的穴位反应出来。相应的会出现压痛、酸楚、麻木、结节、肿胀、变色、丘疹、凹陷等反应。利用这些病理反应可以帮助我们诊断疾病。腧穴更重要的作用是治疗疾病，通过针灸、推拿等刺激相应腧穴，可以疏通经络，调节脏腑气血，达到治病的目的。

通身体内外上下的功能。经络不仅存在于体表，而且和五脏六腑相联，构成无始无终的环状组织循环运行。其中干线叫做经脉，支线叫做络脉，更小的支线叫做孙脉，整个经络系统犹如田野中的水利灌溉网，输送气血养育人体。穴位则是经络系统的控制机关，刺激穴位就可以起到调节经络系统运动的作用。

我国在传统针灸疗法的基础上，又创造出了很多新的疗法，如：电针、耳针、磁穴疗法、针刺麻醉等等。

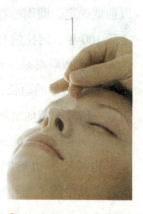

△ 针灸

谁是近代枪炮的老祖宗

南宋时候，火药的使用越来越普遍了，火器也得到了进一步的发展。

为了防御金兵的侵扰，南宋的军事家们不断改进武器。南宋初年，有一个叫陈规的军事学家，发明了一种管形火器——火枪，这在火器史上是一大进步。

这种火枪是用长竹竿做成的，竹管里装满火药。打仗的时候，由两个人拿着，点着了火发射出去，用它烧敌人。

把火药装在竹管里做成火枪，在火药的应用上是个了不起的进步。用抛石机发射火药，不容易准确地打中目标；有了管形火器，人们就可以比较准确地发射和适当地操纵火药的起爆了。

△ 南宋突火枪

南宋理宗开庆元年（1259年）宋军发明此种管状火器。以巨竹筒为枪身，内部装填火药与子窠——子弹。点燃引线后，火药喷发，将子窠射出，射程远达150步（约230米）。这是世界第一种发射子弹的步枪。

火药发明以后，又有人发明了突火枪。突火枪是用粗毛竹筒做成的，竹筒里放有火药，还放一种叫"子窠"的东西。把火药点着以后，起初发出火焰，接着子窠就射出去，并且发出像炮一样的声音。这种子窠很可能

就是一种最早的子弹，可惜古书上没有说明。

▼ 现代火枪

火枪的作用只是烧人，突火枪却能发出子窠打人，比火枪又前进了一步。火枪和突火枪，都是用竹管做成的原始的管形火器，威力不大，但它们都是近代枪炮的老祖宗。近代的枪炮，就是在此基础上逐渐发展起来的。

杰出医学家李时珍

400多年前，我国出了一位伟大的自然科学家、医药学家，名叫李时珍。他出生在现湖北省蕲州镇。父亲是个医生。蕲州是一个出产药材的地方。李时珍在这样的环境中受到熏陶，从小就热爱大自然，热爱医学。

李时珍从小勤奋，刻苦读书，同时又勇于实践。35岁时，古代的医书、药书，他几乎读遍了，包括其他书足有800多

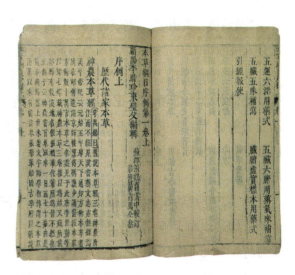

▲ 本草纲目

种，单是摘下来的笔记，就装满了好几个柜子。他经常到各地游历访问，一边采集药材标本，一边搜集民间药方。他给人看病经常不收诊金，只要求别人告诉他一点验方偏方，一点有关药材的知识。什么河豚的眼睛和肝脏有毒啦，刀豆吃了能止打嗝啦，他都是这样学来的。他还记录了不少民间的谚语，像什么"穿山甲、王不留，病人吃了奶长流"。他的足迹踏遍了江西、江苏、安徽、湖南、

广东，行程不下万里。从渔夫那里，他得到鱼类等水生动物的知识；从猎人那里，他学到了鸟类和野兽的知识；从樵夫那里，他学到了榆树、柏树等植物的知识；从农民那里，他学到了分辨五谷的知识。为了取得第一手资料，李时珍还冒着生命危险，自己吞服一些作用剧烈的药，亲自验证药效。

李时珍整整花了 30 年的工夫，写成了举世闻名的中药学巨著《本草纲目》。

我国古代纺织革新家黄道婆

"黄道婆，黄道婆，教我纺纱教织布，两只筒子两匹布。"这是人民歌颂宋末元初女纺织革新家黄道婆的歌谣。

黄道婆出生在上海松江乌泥泾镇的一个贫苦农民家里，小时候就当童养媳。据说，有一天，她不愿再忍受公婆虐待，深夜在墙上挖了个洞跑了出去，悄悄地溜进一艘出洋的海船，来到了海南岛极南边的崖州。

海南岛是棉纺织业发展较早的地区之一。因黄道婆在家乡学过纺纱织布，她看到黎族妇女的技术先进，就向她们学习纺纱织布的技术。

黄道婆心灵手巧，在崖州学得一手纺织好技术之后，回到了家乡乌泥泾，靠织"崖州被"为生。她根据黎族人民的先进生产经验，结合汉族人民的传统技术，创造出许多新的生产工具，对棉纺织的工艺轧子、弹花、纺纱、织布等进行了系统的改革。她创造的轧棉籽搅车，大大提高了轧子的效率；她创造的用绳弦大竹弓弹花，既提高了弹花效率，又保证了棉纱的质量；她创造的

🔻 黄道婆像

三锭三线的脚踏式纺车，既减轻了劳动强度，又提高了几倍纺纱效率；在织布技术上，她还使用了"错纱配色"和"综线挈花"等先进的技术。

　　黄道婆去世以后，人们为了纪念她改革棉纺织业的功绩，在乌泥泾镇上给她修建了一座祠堂，叫做"先棉祠"。

🔺 棉花